Juan Tres Muertes

César Sención

1ª edición, 2013

ISBN: 978-9945-8913-0-0

Impreso en Rep. Dominicana / *Printed in Dominican Rep.*

Memorándum

Senda misteriosa como la de la vida, no ofrece la oportunidad de devolverse, el que más rápido transita no será quien más pronto expire, camine o no, de prisa, despacio o quedándose tranquilo, por igual le depara la misma suerte. (Loitse Yomimo)

Cualquier coincidencia con lugares, personas o cosas es pura casualidad, facultad exclusiva de la vida misma. Me parecí a *Stephen King*, pero no importa.

Nota del autor.

Todo es confusión y desconcierto

Eran alrededor de las cinco de la mañana y Juan se encontraba en su alcoba en el segundo piso de aquella arquitectónica mansión, los truenos no lo dejaron apreciar el final de tan horrendo sueño. La lluvia afuera no dejaba de caer, las fuertes gotas bañaban el cristal de la ventana como si intentaran romperlo. Imperceptiblemente, la densa neblina opacaba las luces de las lámparas en el patio.

Independientemente de esta tormenta, Juan se lanzó de la cama Enrique VIII y empezó a prepararse, se asió a toda prisa, como si alguien le estuviera esperando, se vistió con ropa ligera, un suéter blanco y un pantalón de hacer ejercicio, y de paso recogió en la sala una gorra blanca para cubrir su despeinado pelo, el cabello aun estaba mojado. Dejó de llover. Con largas zancadas salió al jardín, luego de abrir los candados atravesó la verja y avanzó por la acera de la calle Augusto Sánchez. Mientras que un auto negro con dos hombres a bordo se movía lentamente, produciendo sospechas. Juan introdujo su gorra hasta el cráneo sin dejar de observar por la rabiza del ojo los movimientos del auto hasta que lo perdió de vista en la avenida Churchill. El joven continuó su ligero paso. La cuidad seguía dormida.

En víspera de suceder lo inesperado, el joven no advertía lo que estaba pasando. Empapado el asfalto, (se le hacía preciso saltar), pudo divisar algunos charcos, apresuró la marcha en la calle Díaz Ordoñez, "chlack, chlack, chlack". Los tenis se le empaparon de agua. De metro en metro no se topó con persona alguna. Cada cruce parecía la boca del lobo. Era muy despistado o demasiado tonto para no advertir el peligro al que se estaba exponiendo, aunque la madrugada era tan oscura, Juan no sintió miedo. Estaba acostumbrado a hacer éste recorrido y mecánicamente caminaba como si algo apremiante le esperara en la próxima esquina. Al llegar a la intersección sonrió, adoraba la luz verde de los semáforos. En la calle Polibio Díaz, de improviso y en la solida claridad, la resplandeciente luz de un Porche blanco que a toda prisa pasaba muy pegadito a la acera, estuvo a punto de sentir pánico. Las llantas pisaron un charco y en efecto, salpicó de lodo y agua sucia al joven. Juan emitió unas cuantas palabras descompuestas ante su imprevista sorpresa matutina.

—¡Coño! —La primera palabra que dijo, sonrió con ironía al sentirse desdichado, miró con despreció mientas se sacudía el agua. Y por último exclamó. —Hijo de...—Tragó en secó, le quedaba en la garganta la horrible sensación de calcio de la pasta de dientes con la qué se había cepillado.

Continuó su paso con la cabeza hacia abajo oliéndose las manos que no le olieron a nada. Clavó su mirada al sucio en su suéter. El Porche continuó su ligera marcha, dio señales de detenerse, pero volvió a acelerar. Muchos son los conductores que andar sin reparar en lo ocurrido por el simple hecho de que poseen lujosos autos, para nada les importa el transeúnte, les llaman perro, y así les tratan. Pensó Juan sentir popular.

El Porche dobló en la esquina y se detuvo frente al cajero de la avenida principal, la puerta del lado del conductor se abrió sigilosamente, produciendo una sensación de espanto, a esa distancia Juan no podía advertir lo que podría tramarse en su contra. Esquivo y expectante caminó entre la penumbra con sus puños cerrados.

Los delincuentes andan al asecho. Del Porche, una botita negra de piel se clavó en el asfalto, una mano pecosa y blanca quitó las llaves, luego salió la otra botita. ¡Tenía que ser una mujer! Debía tener unos cincuenta y cinco años, parecía ser una ciudadana común y corriente, salió arreglándose la blusa, se olvidó de poner la emergencia. María Rodríguez, comunicadora social, productora y conductora de radio y televisión con un alto grado de respeto y prestigio, y mucha teleaudiencia.

Con ligereza, sacó del bolso una tarjeta de debito y ya frente al artefacto electrónico la introdujo en la abertura, recogió la tarjeta, la regresó al monedero de piel que metió entre sus senos. Y para precaverse de que estaba sola, por encima de sus lentes de aumento observó para ambos lados, creyó estar sola, confiada digitó los cuatro números de su clave. Se activaron las aplicaciones. Ella seleccionó la acertada suma de dinero y esperó nerviosa. La música estridente del lector electrónico al desgranar los billetes y la brumosa madrugada tenían algo en común. Y la Señora entendía eso. Con el castañeteo de sus dientes y no de frío, si no por su nerviosismo y no era para menos. Con ruido discordante y sonoro irrumpió con brusquedad un hombre en su privacidad y dijo.

—¡Suelte eso! —De repente ella volvió a escuchar con súbita agresividad la voz ronca y amenazadora del asaltante. —¡Suéltelo le dije! —Se convenció que estaba siendo atracada y cuando sintió el cañón punzante de una pistola en su cara. —Es un atraco. —El delincuente traía el rostro tapado con un pasamontaña negro, una chaqueta negra que le cubría las manos hasta las puntas de los dedos y un jean azul desteñido. —Aléjese pronto pa´ no dale un tiro.

—¡Ups! —Tragó en seco y se retiró de inmediato.

Ella había evitado retirar dinero en otros cajeros por considerarlos inseguros. Era tan evidente el escalo que le había sobrevenido que la Señora no opuso resistencia. Nunca iba sola; pero esa madrugada lo necesitaba con urgencia, con aspereza, sin reparar que era una dama: hermosa, decente y bien vestida, la tomó por los cabellos mientas le hundía el cañón de la pistola en la cara. Los lentes cayeron al suelo. La comunicadora perturbada abría los ojos y los brazos suplicándole piedad. La aterrorizaba con solo clavar sus endemoniados ojos sobre ella. Como una fiera salvaje hamaqueaba a su víctima. La señora daba largos pasos hacia atrás, absorta y con el rostro ensangrentado, palidecían sus labios. Convencida de la perversidad reinante en aquellos ojos coléricos. Fatigada, impotente y pasmada se mantuvo a una distancia prudente. El delincuente la había intimidado como se lo había propuesto. Luego se apresuró a tomar los billetes que estaban en la bandeja metálica y con regocijo intentó meterlos en el bolsillo de su chaqueta. De pronto una tercera persona apareció en la escena tumbándole el arma, le conectó tan duro golpe en la mandíbula que lo dejó tendido largo a largo en el suelo.

—Up, toma. Dame a mí ven… —y continuó dándole ganchos de izquierda y derecha.

Cuanto le había favorecido venir de un barrio peligroso. No hubo ninguna reacción entre los vecinos. Es natural, la sociedad dominicana ve normal estos tipos de cosas. Apenas había llegado Juan al lugar se apresuró a intervenir a favor de esta desconocida, es tan poco lo que se sabe de él que cualquier suposición arrojaría gran misterio, su nombre se había escuchado por la "Z" y sus malas acciones por "el gobierno de la mañana". Mientras se quitaba las ganas llegaron las autoridades del Banco y los despegaron a la fuerza. Levantaron a los dos hombres y al delincuente, arrastrándolo se lo llevaron dentro.

En ese instante reaccionó el delincuente y miró azorado hacia la esquina, con insidia clavó sus ojos ensangrentados sobre un auto negro, su compañero estaba dentro; los dos policías no podían advertirlo, el auto estaba encendido de frente a ellos, el cómplice puso reversa y despacito se ocultó al fondo de la calle.

☆☆☆

De testigo y salvador, acontece otro milagro

La conductora de Televisión seguía nerviosa, Almonte se adelantó a recoger los lentes y se los pasó con pleitesía. Ella entristeció al ver su Ferrioni destrozado. Juan la acompañó sin dejar de mirar su talle, y le ayudó a encender el auto. Pudo transpirar el rico y encantador perfume que llevaba puesto, esta mujer debió ser encantadora en su juventud, y lo sigue siendo, tal vez lleva un Sexy de Carolina Herrera; pero en cada movimiento brotaba una fragancia diferente y cada vez más estimulante, La Vie Est Belle de Lancome o quizás Hipnotic Poison de Dior. Juan recobró el ánimo, excitación que lo invitaba a desempeñar el papel de encantador que la vida le había destinado; no debía ponerlo en práctica, tenía que renegar a cualquier comportamiento insolente. Bajó la cabeza para apartar la vista de esos bustos seductores y no darle rienda suelta a sus caprichos, pero sin quererlo volvió a toparse con la jerarquía de aquellos senos, tan imponentes que no lo podía retener ningún sostén. Ella sin advertirlo se recostó en el asiento, sus senos volvieron a expedir una fragancia tan exquisita que Juan por segunda vez estuvo a punto de extralimitarse, la diferencia de edad era exorbitante, pero el ardor lo superaba. Inesperadamente ella se miró en el espejo retrovisor y explotó en llanto cuando vio su rostro ensangrentado.

—¡Dios mío! Mira lo que me ha hecho. —Exclamó la Señora auscultando su nariz, se hundió en el asiento, aferrada al guía. —Estos malditos ladrones debe el diablo de llevárselos. ¿A dónde vamos a llegar? ¡Dios mío! Usted también está todo lleno de sangre. —Sacó sus níveas manos, haciendo una mueca de pena y asco con sus labios, debía sentirse dichosa de que las cosas no fueran peores, tensaba sus cuerdas vocales, no sabía que se desfiguraba el cuello que tanto dinero le había costado mantener. —Animales —Sacudía el suéter de Juan para quitarle la mancha, bonita la intención, pero vano el esfuerzo. Luego se convenció. —¡No se quita, amiguito!

—No tiene importancia. —Dijo Juan, agarrándole las tiernas manos. Por su mente pasó un pensamiento sombrío, se acercó un poco más con la intención de hablar íntimamente con ella, pero recapacitó. —Eso no es nada, Señora, descuide. —Soltándole las manos, la miró con pena, tenía los ojos enrojecidos por la furia. La nariz le sangraba más que antes. —Olvide eso y calme los nervios. Usted necesita mejor cuidado que yo. Si me permite. —Le quitó los lentes de la mano, dobló sus patas y formó una cruz, se la puso en el tabique de la nariz, dijo una frase ininteligible y la hemorragia paró.

La señora Rodríguez quedó más absorta que antes, estaba ante algo insólito, le miró fijo a los ojos con regocijo y desconfianza. Encontrar quien se preocupara de su problema y se mantuviera a su lado la dejaba boquiabierta. No todo había terminado, presentía otra amenaza. Estaba acostumbrada a comentar noticias escandalosas y escalofriantes, creía que ya lo había visto todo. Víctima de algo que creía no le pasaría nunca, bajaba su orgullo. Hablar con un desconocido, más insólito todavía.

El auto que se había escondido minutos antes pasaba pegadito al muro jersey de manera imperceptible; pero el roce de los neumáticos con la basura en el contén produjeron un ruido estridente, infundiéndole miedo a la señora que muy atenta observó todos sus movimientos. El conductor se movió de reversa al ser descubierto. Los policías del Banco esperaban la patrulla, no pudieron notarlo. Los vehículos de la policía frecuentaban la zona, eran tiempos de campaña política, pero nunca atrapaban a nadie, paraban civiles honrados, forma errónea de hacer creer que estaban trabajando, anhelando toparse con algún lugarteniente de esos que lideran alguna red mafiosa para apadrinarlo, aunque sean ellos mismos los que auspicien el asesinato de sus altos oficiales. Y que para campaña se pone de moda.

El flujo de vehículos se hizo sentir, de modo que la señora Rodríguez empezó a guardar sospecha de todos los autos.

Durante algunos minutos siguió asustada, con la manía de enderezar las patas de su costosa montura de oro refinado, poniéndose y quitándose los lentes rotos, si seguía en eso terminaría actuando como una desquiciada. Seguía con la sensación de que cada vehículo que pasaba era con intenciones de atracarla, se transforma su vida, miraba atemorizada de una acera a la otra, y a la gente que cruzaba la observaba de pies a cabeza sin respetar el género. El lugar no estaba apto para seguir allí. Tampoco quería que el joven se fuera y la dejara sola. Estaba indecisa y no sabía qué hacer. Por último, clavó sus ojos dislocados por donde los policías estaban con el delincuente. Juan había empezado a comprender que lo mejor sería alejarse y motivarla a que ya se fuera.

—Necesita ver a un médico, Señora. —Dijo Juan. —Y olvídese de ese hombre, ya ése no roba más.

—¡Espero que lo castiguen como se merece! —Con la misma muesca de ira en sus labios y menos terror en sus ojos se volvió a mirar en el espejo retrovisor y empezó a reponer su maquillaje. Tomó el teléfono y empezó a comunicárselo a sus colegas, la primera fue a Nuria Piera, pero Alicia Ortega lo dio como primicia, y en ese orden llamó a otros comunicadores. Con su codo izquierdo apoyado en la puerta del auto, María, por más que quisiera negar aquel suceso, terribles imágenes, al pasar de los días presentirá que alguien la asecha.

Cuando Juan creyó que se le calmaron los nervios le dio la espalda. La señora cayó en una desolación profunda, apretó el botón eléctrico hasta ver arriba el cristal de la puerta. No pudo quedar abierta la invitación cortes de tomarse un café en un restaurante o convidarlo a su casa. Podría haberse entablado una relación, sí señor, la mejor relación de sus vidas. El joven en una ocasión miró para atrás y después de recibir saludos halagadores continuó la marcha.

Sin embargo, de haber mirado para el cajero habría visto los billetes. Tampoco María los vio, nerviosa, los había olvidado.

El joven caminó distraído; pero con la prisa de siempre, saltando charco tras charco, sin estimar cuanto se exponía de recibir un tiro del otro asaltante. María solo podía decirle adiós con las manos, y las movía con tímida oscilación de un lado para otro, no se molestó llevarlo en su auto. El joven se perdió en la neblina, el auto negro le rebasó; ella palideció como si Juan se hubiera topado con la misma muerte.

Juan Almonte atravesó la avenida y caminó en dirección Este, a unos trescientos metros se detuvo frente a un centro comercial, recogió el periódico y lo sacó de la funda, subió por la escalera al último piso, luego de abrir el local guardó en su bolsillo delantero las llaves, prendió las luces de adentro y apagó las de afuera, caminó hasta el fondo, esquivando siempre las maquinas de hacer ejercicios, entró al baño de hombre y frente a su casillero se cambió el suéter. Miró por el hueco de la ventana mientras daba un vistazo al cielo, al observar el lúgubre panorama a lo lejos, palidecía, las nubes se apiñaban, el cielo se ennegrecía. Odiaba a las tormentas.

Reaccionó y salió del baño, fue tras una cinta adhesiva y una soga, la tensión lo había hasta entonces trastornado, todos sus pensamientos estaban relacionados con situaciones desconcertantes de infancia, la sensación de inseguridad le aumentaba. Para los fenómenos naturales no había nada seguro. Sentía una fobia tan grande a las inundaciones que cuando se nublaba desfallecía su alma. El susurrar del viento y sus fuertes ráfagas. De momento pensaba huir, pero no tenía para donde, el Caribe entero estaba en completa amenazaba, tampoco podía viajar fuera del país. Tenía suspendido su pasaporte. Podría sedarse, pero temía más que a la desgracia misma que un desaprensivo le agrediera mientras dormía. Era un hombre solo. No tenía a quien cuidar más que su vida y su dinero. Había anhelado conformar una familia, pero a la vez temía dañar a quien fungiera como esposa ya que no fuera a enamorarse de ella. No sentía amor por nadie, "los hombres son malvados y no aman", le resonaba el discurso que escuchó a cada segundo por boca de su madre. Ella no fue gratificada con el amor, el padre de Juan fue su primer y único amor, pero no supo valorarla. Por eso, siendo un niño, ella le exigía como si fuera su esposo, la manutención y que la cuidara por el hecho de ser su madre. Ella fue ruda y exigente con él para sus obligaciones. La madre le transmitió todo lo que recibió de la vida que no fue nada bueno. Ella jamás valoró educarlo para un futuro. Juan tampoco puso mucho empeño. El futuro era tratar de sobrevivir en el día a día, saciar el hambre eran sus aspiraciones.

Juan carecía de toda ambición cuando era niño, si no tenía dinero hacía lo posible por conseguirlo, si conseguía más de lo que se había propuesto, vendiendo flores y limpiando cristales en los semáforos, nada podía hacer con ellos, la madre tomaba dominio del dinero y lo derrochaba a su antojo queriendo llenarle la boca a los vecinos, a los pocos días volvía a exigirle al niño que volviera a la calle tras el sustento. Horribles momentos en que fue timada su niñez.

De inmediato tronó, Juan cubrió su cabeza con el periódico, se tapó los oídos hasta que desapareciera el clamor del cielo. Los minutos adelantaban, Juan seguía con la mirada perdida hacia ninguna parte, volteó la cabeza hacia un rincón, continuó pensativo y cuando despertó, impulsado por algo se movió hasta allá, se arrodilló frente a un cajón de hierro, desapareció su pesadez, un poco de añoranza nada mas, puso el periódico en el suelo, abrió el cajón, sacó una cinta adhesiva y una soga de nylon, había pensado subir a la azotea, salió al balcón y por la baranda saltó al plato. Aunque minutos antes le impacientara mirar al cielo.

Temores iguales sintió una madrugada similar a esta cuando por querer salvar la vida de un desconocido se metió en una trifulca, luego de la trifulca se encontró una maleta repleta de dinero, con tanto dinero que no lo gastaría en un año ni en una vida entera, lo que le mereció una inmensa fortuna. Pero tuvo que cambiar de mentalidad y de nombre. Era lo que contaba en sus fiestas a sus conocidos y lo contaba de forma tan sinuosa que cada vez más crecía la duda. Adquirió costosas joyas y vehículos caros, incluso se rumoraba, y eso lo comentaba la prensa radial y lo ratificaba la prensa escrita que adquirió gran parte de los relojes y brazaletes y cuantas cosas más en las subastas hechas con las pertenencias de algunos capos. También lujosas casas, villas y apartamentos por la influencia de algunos políticos. De desatar el periódico, Juan habría leído en la primera plana donde se hablaba de eso y para colmo su nombre salía en grande. "Un capo en el Caribe está despertando las más grandes sospechas, la red mafiosa más temida del cono sur se está radicando en la isla, las instituciones anti lavado y antidrogas les están dándole seguimiento a las denuncias y argumentos sin perder tiempo, se relaciona con empresarios influyentes y con funcionarios del gobierno". Esto implicaba a Juan, cosa que haría permanente las tensiones, y tendrá que lidiar de por vida con ellas.

Cuando era pobre, no pasó por su cabeza casarse para no causar complicaciones ni someter a su esposa a la miseria, ahora que tenía bastante dinero, tantas eran las pretendientes, pero para no hacerle daño a ninguna ni implicarlas en estos asuntos, no se decidía entre ellas. Era un hombre soltero y le gustaba la soltería. Lo creía conveniente. No es que maquinara las cosas a su conveniencia, también a conveniencia de los demás. Los problemas llegaban de todos lados, por lejos que quisiera estar, los conflictos detonantes sin buscarlo acudían, llegaban solo. Y como todos eran de vida o muerte tenía que tomar rápidas soluciones porque no era tonto, han sido efectivas las soluciones que ha tomado, por eso está con vida. Pero muy convencido de que sus problemas no pararían y serían de él solo. Nunca comprometería a ninguna mujer.

Aunque es sabido que no ha tenido escases de mujeres, llegan más que por necesidad por lujo, adoran las prendas, los perfumes y las fiestas costosas y han sabido justificar con la bondad de sus caricias y la generosidad de los atributos que la naturaleza les ha dado, y Juan en su inmensa bondad, colecciones enteras les regala, por ejemplo: Flower de Kenzo, Anais Anais de Cacharel, Lady Million de Paco Rabanne, The One de Dolce & Gabbana, Armani Code Femme de Armani, Ralph de Ralph Lauren, Lolita Lempicka de Lolita Lempicka, L`Eau D`Issey de Issey Miyake, J`adore de Dior. Si de regalo se iba a hablar el joven es un cheque al portador.

Se quería dedicar esa semana a corregir ciertos fallos en el edificio. Se engañaba al creer superado todo miedo, cuando afirmaba que no temía a nada ni a nadie, ni siquiera a los más temidos pandilleros de Nueva York, a los delincuentes comunes de la isla ni siquiera al mismísimo diablo. Hoy se convence que le teme a algo, no es a hombre, a animales ni a altura. Le teme con miedo de muerte a los huracanes. Pero debe espabilarse y avanzar. Su objetivo ha sido siempre sobrevivir a toda costa. Camina a toda prisa por la azotea. Podía observar las grandes edificaciones, pero no hizo caso a nada de eso: lujosas y millonarias residencias en toda la periferia, costosos edificios con todo tipo de confort al grito de la moda con modernos sistema de seguridad. Negocios bien iluminados y luces de neón. No había espacio para chozas. ¡Eso es el Ensanche Piantini! En donde está casi toda su inversión. Tratándose de la periferia a la calle Julio Aybar, no habría por qué dudar.

Camina como si nada de esto le importara o como si le importara demasiado, por eso eligió invertir por ese lugar. Si debía mirar se deleitaría mirando sus oficinas: Quisqueya Tourism Developers, J. A. Investmen Brokers, A. S. Inversiones, Inversiones Inmobiliarias Quisqueya. Por mencionar algunas de sus propiedades visibles.

Cuando llegó a la esquina tomó una punta de la soga y se la envolvió en la cintura, se hizo un nudo A de guía, lo deshizo y empezó con otro nudo, la silla de bombero scout. Observaba el cielo y en lo más profundo de su alma escuchó un alarido, luego el continuo chirriar en su estomago, tal vez de cólico, superaban a mil truenos, y la cosa se puso terrible cuando miró al oriente, condensadas nubes se mantenían en movimiento, se apiñaban, no tenía porque sentir temor; pero la espesa brisa rozó su delgado cuerpo, lo dejó terriblemente frío. Respiró profundo, se persignó, tensó la soga y tomó otro aliento. Amarró la otra punta a una viga que sobresalía en la azotea. Se agachó y haciéndose el valiente se dejó caer de espalda.

☆☆☆

Se ve al filo de la muerte

Podrían ser las seis y media de la mañana, Juan no se percató que las pareces seguían húmedas, resbalaron sus tenis de piel y la soga cedió, con el peso de su cuerpo empezó a romperse. Juan trató de asirse a la pared, estaba totalmente conmovido. Abajo caminaba muy normal la minúscula gente, los vehículos corrían. Almonte de forma inquisitiva miraba el lugar donde podría caer, un lujoso auto al pie del edificio. A fin de cuenta, no podía darse el lujo de caer encima de una chatarra, lo mataría tan solo la hoja de lata.

Juan se tambaleaba buscando equilibrarse en el aire, logro apoyar el pie izquierdo sobre el bordillo del dintel de la ventana. La soga seguía rompiéndose. Los sudores le corrían a borbotones por su frente, le ardían los ojos, sintió escalofríos, escalofríos de muerte, el nudo en su garganta se hizo insoportable, quería gritar por auxilio pero no le salía el habla. Pujó una y otra vez. Se le iban las fuerzas y empezó a perder el equilibrio. Batallando volvió a enderezarse. Pudo reconocer unos movimientos en la azotea, su rostro cambió de color, aquello fue alentador, de un pavor intenso a una ponderada alegría. Largas pisadas que se venían acercando, cada vez más ligeras y más fuertes. Ya estaba cerca, tan cerca que podía sentir el calor de aquella persona. Por el filo de la loza un brazo velludo y negro se abalanzó hacia él. Juan estimó, de ser un golpe se haría certero en su rostro. Se aferró a la cuerda, cerró sus ojos, esperando el puñetazo. No debía soltarse para defenderse, tampoco mandarse, ¡estaba perdido!

Al ver la tardanza del golpe, abrió un ojo, el ojo derecho, y una enorme mano estaba abierta frente a él para ayudarle, abrió el otro ojo y con alegría indescifrable se aferró a la enorme mano, reconoció por su inconfundible sentido de bondad a Gaspar, reaccionó con júbilo, con la alegría que pone la gente cuando rescata algo que ya daba por perdido, esta vez una vida, su vida.

—¡Eureka! —Gritó Juan con desbordante alegría, subió y felicitó a su amigo en la azotea. Y ambos rieron a carcajadas, bajaron, Juan le pidió desayunar juntos, y en diez minutos ya iban caminando a la casa, sin dejar de reír, parecían dos locos.

Para la tarde de ese día Juan vuelve a balancearse sobre el techo del edificio para pegar la cinta adhesiva en la ventanilla como solo podría hacerlo un demente, colgado del mismo costado, había empezado en el lateral izquierdo para ganar tiempo. Nadie iba a reparar los daños que produjera la tormenta. Había tenido mala experiencia en su infancia con los huracanes, remontándose doce años atrás recordó las dos ocasiones en que vivió como damnificado y otras tres que esperando ver el agua bajar fue rescatado del techo junto a su madre. Eso eran otros tiempos, ahora administraba un elegante edificio y debía cuidarlo. Buscaba proteger los cristales de la tormenta Irene. El cielo seguía nublado.

Las personas que venían a recrearse al gimnasio eran exigentes, especialmente las mujeres que hacían siempre un nuevo reclamo antes de sus rutinas diarias. Pagaban para verse lozas, exóticas, ellas eran el condimento esencial, estarían en forma a la hora de entregar sus lindos cuerpos a los caprichos más relevantes del desenfreno masculino de altos dirigentes y afamados mafiosos.

Para no distraerlas, Juan aprovechó el receso de los gimnastas con el cambio de instructor. Algunas salían al balcón a recrearse. Había llovido horas antes y el ambiente estaba fresco.

Era importante que hubiera amenaza de tormenta, así los sondeos por las encuestadoras disminuirían, y una cosa que le llaman clientelismo; pero que la incluyen en la simpatía política, y sin el cumulo de esta simpatía clientelista, las encuestadoras no arrojarían por el momento buena aceptación sobre la preferencia del electorado. La prensa radial y la escrita que hartaban desde tempranas horas hablando de política, ésa semana hablaba de otra cosa, del temporal. Porque la amenaza de huracanes dejaba con los pelos de puntas a la gente, la vasta experiencia por las inundaciones, los embates, daños considerables a la agricultura y a las frágiles estructuras, y el desplome total de la economía era eminente. En los barrios marginados, que son muchos, quedaban tan destrozadas las viviendas que necesitaban del gobierno o de una mano amiga para que los sacara de apuros.

Por un lado: Era importante que la amenaza surgiera, el centro de operaciones de emergencia, funcionarios del gobierno de turno y otras entidades, movilizarían cielo y tierra para aplicar sus planes de emergencia y contingencia. Año tras año evacuaban a los moradores de las zonas vulnerables. Este año tenían intenciones de evacuar a más de cuarenta mil personas por el inminente siniestro, los gastos se elevarían. Y por el otro lado: Terminarían muchos funcionarios millonarios. Por experiencia, pasada las peripecias, los damnificados regresarían más pobres que antes a sus hogares y los ricos más ricos.

☆☆☆

Cuando las apariencias engañan

En la Presidencia de la república había un hombre muy parlanchín y astuto, y de rostro pensativo de apellido Fernández. Tenía en sus planes ver a su esposa en la vicepresidencia. El candidato a la presidencia más puntero era menos risueño, pero a la vez parsimonioso y de tanta cautela como él. Y como le gustaba devolver con la misma moneda. El señor Medina, prepararía a su linda esposa que a la vez es muy inteligente; luego de ganar las elecciones, candidatearla y probablemente sea contendora a la vicepresidencia de la república, él se postularía como presidente del partido.

Ese lunes el huracán Irene, cuyo centro se hallaba a 165 km de Punta Cana, estaba inclinándose hacia el noroeste con vientos de 120 km/h. ya se habían emitido alerta máxima en momentos en que se acercaba al país. Los puertos y aeropuertos estaban cerrados, en momentos en qué en algunos puertos extranjeros habían detenido grandes embarcaciones de drogas procedentes de la Republica Dominicana, el panorama en la isla estaba caliente, altos militares habían sido removidos de sus puestos, un capitán del ejército de apellido Guerrero, implicado a la red mafiosa, recibió en esos días su cancelación de manera vergonzosa, pero la banda de mafiosos no había podido ser sometida, el suboficial desde la cárcel sigue teniendo contacto con ellos y desde allí planea y controla la banda.

Juan estaba dispuesto a asegurar los cristales, chirriaban sus manos en el vidrio y mantenía sus ojos hacia adentro del edificio, las mujeres ignoraban que fuera un libertino de lo más rico y derrochador de la ciudad, no parecía serlo, era juzgado por todos como un don nadie. Él a su vez no apartaba sus ojos de ellas, en su estomago la sensación de hormigueo al ver tantos senos voluptuosos y blancos y dentro de las copas de los sujetadores, soberbios pezones, algunas sonrisas seductoras que le inspiraban los gustos más desenfrenados a lo que una alma lasciva pudiera resistirse. Las que tenían los ojos puestos sobre él era porque solo les llamaba a curiosidad la forma de vestir. También estaba descalzo y las puntas de los pies descansaban seguros en el bordillo del dintel de la ventana. Rugía el viento. Y a esa camiseta desteñida y raída que llevaba puesta la azotaba contra el cristal. Juan no tenía de otra y se aferraba boquiabierto a la soga, produciendo pánico y miedo a todas ellas. Aumentó la brisa y Juan se adhirió mas fuerte como una hiedra al cristal, cuando paró se estiró de una esquina a la otra, pegando la cinta y cortándola con los dientes. Se movía veloz, ya había recorrido quince metros en un par de minutos y en su recorrido hubo un momento en que apoyó sus rodillas al cristal, vibró casi al romperse. Las mujeres rompieron a gritar de pánico, algunas pudieron exhibir la voluptuosidad de sus divinos senos a medio descubierto, no tanto por su inmenso tamaño sino por la poca ropa que llevaban puesta. Daba gusto verlos. Para la próxima, Juan pensó hacerlo más seguido.

En un momento en que el instructor de turno había llamado a una de las activistas para que no lo esperaran, Raquel corrió la voz y todas fueron entrando desanimadas. Atravesaron el salón, entraron al baño y de sus casilleros tomaron con premura sus bolsos y frente al espejo lavaron sus rostros y manos, y con níveas toallas secaron sus caras y sus cuellos, se soltaron el pelo, algunas se hicieron anchoas. Cuando regresaron al salón la brisa afuera era más fuerte, ya se sentía la secuela del huracán, muchas de las que se acercaron a la ventana, al ver a Juan en sus funciones fruncieron las cejas y con la boca abierta, trastocadas por el miedo a las alturas se detuvieron a mitad del salón para amarrarse los cordones, otras el cinto de sus pantalones sudados adheridos a sus cuerpos, a sus divinos y deliciosos cuerpos; mujeres temerosas de la miseria y el infortunio, a los que solo tienen derecho los hombres de inmensa riqueza y desenfrenados gustos.

Raquel, temía levantar la cabeza; pero con el resonar de los cristales, tuvo que mirar por obligación hacia donde estaba Juan, él suponía que lo miraba porque era atractivo y se le veía a través del cristal inquieto, emocionado, suscitando el más exquisito interés por saborear aquellos irresistibles labios, se sentía la atracción del momento. Juan veía a esa mujer de hermosura exquisita contornear su cuerpo pero sin poder decirle nada, ella seguía con la boca abierta. Juan creyó que era señal de encantamiento y se sentía halagado, solo podía mirarla, se deleitaba mirando la ropa ceñida a aquel exuberante cuerpo, se olvidó de la cinta adhesiva para mirar la voluminosa vulva. Juan se mordió sus delgados labios. Ella se limitó a mirarle solo la cara, no se acercó como tenía pensado, dio una vuelta en redondo, tendría que mirar hacia abajo y le daba horror la altura. Él ya se había decepcionado al ver que era chata, ella se había impresionado con el flaco porque le parecía que estaba dotado de un inmenso miembro.

Fue agudizándose el nublado. Más fuerte corría la brisa, algunas muchachas querían decirle que no siguiera en eso y que continuara al día siguiente, por temor a que lo atrapara el aguacero colgado a la cuerda. Se fue poniendo tan oscuro que parecía de noche.

—¡Miren! —Se le ocurrió decir a la de los ojos más encantadores, señalando al cielo, irguió el busto y cayeron sus dorados bucles sobre los hombros, y añadió. —Dentro de muy poco arreciará la lluvia.

Juan, como si la hubiera escuchado dejó de hacer lo que estaba haciendo y con gran destreza saltó a la azotea, desligó sus amarras, la enrolló en sus manos. Quería encontrarse con ella. Sintiéndose presa de sus encantos femeninos, atravesó la explanada con prisa y bajó en seguida sacudiéndose la ropa. Pero para sorpresa suya, ya las mujeres se habían marchado. Se escuchaba solo el rugir de sus lujosos autos abajo en el parqueo.

Tenía Juan la mirada embarazosa y no podía creer su desdicha, estaba frustrado. Su inmensa fortuna le permitía entregarse al placer más costoso y obsceno, podía disponer diario de un millón de pesos solo para los vinos caros, la comida y mujeres, satisfacer cualquier capricho que se le antojase. Cosa que hasta el momento ellas ignoraban.

☆ ☆ ☆

Unos ojos caprichosos guardan la libido desmedida

Al día siguiente todo seguía en calma, como era mediado de verano los días eran esplendidos, y después de superado el sobresalto del huracán Irene, gran parte del pueblo dominicano se alegraba de que no tocara tierra dominicana, y festejaban bajo la lluvia en la mañana, y en la tarde bajo el radiante sol, porque llovía por rato a borbotones y campaba, la ola de calor manaba como si no hubiera llovido. En consecuencia, la tarde terminó radiante.

Cuando paró definitivamente la lluvia, una acalorada conversación se tejía en el balcón del Gimnasio, minutos de haber concluido con sus ejercicios rutinarios otro grupo de mujeres que practicaban zumba, de cinco a seis de la tarde, Ivelisse y Marta en vez de hablar de lo que hablaba todo el mundo, del daño que el huracán pudo haberle proporcionado al país. Hablaban de otra cosa.

—¿Ves como te mira ese joven? Martha. —Preguntó su amiga señalando con el índice derecho hacia el rincón, y abriendo la boca y los ojos al mismo tiempo.

—No me mira a mí. —Expresó de golpe Martha, inclinándose hacia atrás, recogiendo con la punta de los dedos un mechón de su cabello y pasándoselo por encima de la oreja izquierda, y con el mismo timbre de voz y un tono menos seco, añadió. —Mira a todas por igual, parece un mu...

—A ti nunca te miran...—Interrumpió con enojo Ivelisse, quien puso por cuenta propia a las otras al corriente de la conversación, inclinándose hacia adelante, tomando aire y haciendo una mueca irónica con la comisura de sus exquisitos labios, luego añadió. —No hay quien pueda contigo. ¿No le vas a decir nada? Mujer.

Marta no respondió, era cautelosa, nunca se apresuraba al hablar, pensaba diferente a sus amigas y no aceptaba las cosas por simple apreciación, hizo con el hechizo de sus labios una leve mueca de desprecio.

—¡Serías rica, hermana! ¿No estimas eso? —Dijo alegre y soñadora, Ivelisse, elevando su mirada hacia el hermoso cielo y dejando su vista perder a lo lejos, luego añadió. —Y yo me iría a vivir con ustedes, viajaríamos por…, iríamos a…

—¡Deja de soñar, tonta! —Interrumpió Marta dando una palmadita con sus delicadas manos, y abriendo sus grandes y encantadores ojos, añadió — ¿Cómo puedes creer que ese adinerado joven ya no esté comprometido? Y con una esposa exigente que lo haya hecho testimoniar a su nombre y a nombre de sus hijos toda su riqueza. —Clavó su mirada por largo rato a los ojos de su amiga y luego añadió. —¿Pondría en mis manos toda su fortuna?

—Efectivamente en eso estaba yo pensando.

Elizabeth salía del salón A y se detuvo en el marco de la puerta de cristal, alzando el torso dejó medio cuerpo afuera. Venía pendiente a sus amigas y a la vez miraba para donde estaba Juan, apresurado en quitar las cintas adhesivas, tampoco ese día llevaba ninguna indumentaria de seguridad, ni siquiera una buena soga, sobre la misma cuerda vieja con su nudo margarita, para reforzar la parte rota. Sus húmedas manos chirriaban en el cristal. Ante tal descuido, Elizabeth exaltada dijo:

—Desde ayer está en eso. Me da mala espina ese joven…

—A mi también. —Respondió Alina sonriendo desde la esquina del balcón, se acercó a ellas. —Debe quitarlas de otra forma. Mira cómo se me pone la piel de gallina.

El edificio estaba compuesto: en el primer nivel habían tiendas de ropas intimas solo para mujeres, en el segundo nivel bufet de abogados, sucursales inmobiliarias y de seguros, y en el tercer nivel, el amplio salón de gimnasia con más de treinta y cinco maquinas de hacer ejercicios, área de masajes, estéticas, peluquería, pedicura, baños saunas, baños normales con sus casilleros, dos modernas tiendecitas, una de vitaminas y suplementos y otra de artículos y ropa de gimnasia.

—Les voy a ser sincera. —Dijo Elizabeth apoyando su cuerpo sobre su pierna derecha y echándose a reír. —Ustedes siempre de dramáticas, no noto nada extraño en ese hombre. Qué si se cae, ¿Qué? Quien gritaría a ese despeinado. ¿Tú qué dices, Martha?

—Se jondea o se tira, es tan flaco...—Respondió Martha a medio sonreír. —si se va a joder que se joda,...con esas trenzas se lo puede llevar la brisa. Parece un loco. —Acercándose más, con sorna añadió. —Y puede que no le pase nada, con tanto cabello rebotaría por los aires. De eso estoy segura.

Luisa llegó y se recostó en los hombros de Elizabeth, ya estaba al corriente de la discusión, el comportamiento de Juan la tenía inquieta. Notó Alina cuando Luisa le susurró en los oídos a Elizabeth, se enfureció, sentía igual sensación como si le clavara una puñalada en el pecho, no porque hablara de Juan, sino porque no había saludado y alardeaba de haber ido a la mejor universidad, y sobre todo, es la que siempre corrige a los demás. Y necesitaba ser corregida.

Rayaban las seis y media y otro grupo de mujeres subían por la escalera y entraban al baño, abrían sus casilleros, salían y se dividían en dos, un grupo se quedaba a practicar Zumba y el otro iba al salón B a pedalear, meneaban sus pompis preñadas de ebriedad en las bicicletas elípticas mirando de vez en cuando por la ventana hacia afuera. En la cinta corredora estaba la chata, y un hilo de sudor resplandeciente empezó a correr en seguida por el carril de sus espaldas. Otra mujer más joven en la Leg Extensión Machine, la más pequeñuela en la Glute Master y la instructora en la polea de los glúteos para tonificar sus piernas y levantar sus pompis. Y en el salón C, ya un reducido número de hombres le daba a los hierros. Uno en la Lat machine pulldowns, otro en la Hack Squat Machine, uno más lejos, en la Press de piernas Lvlp, un grandulón en la Máquina Isquiotibiales, un fortachón en la Doble puesto Leg Extension & Curl, el más moreno, Gaspar, en el Puesto para cuádriceps, el más aparente de todos en la Leg Press y Hack Squat 45º Glph, el más bajito en el Banco para piernas «Leg press hacksquat machine», el instructor, Parra, en la prensa para cuádriceps/gemelos, su ayudante en la Prensa de muslos vertical, y un militar de apellido Pérez en la Máquina de pantorrillas.

Almonte, seguía arrancando las cintas, parecía no interesarle lo que adentro sucedía, hacía un sol tímidamente caliente pero el sopor era insoportable, aferrado al cristal. Alina en el balcón se admiraba de su destreza solo de verlo en eso temblaba, pelando los ojos, dijo.

—Ese joven es bravo, fue quien defendió a mi madre de ser atracada. Y le paró el flujo de sangre. —Alina puso sus manos en sus caderas, buscaba imponerse, pero al ver la cara de duda que puso Elizabeth, añadió —¿No lo crees?, pensé que habíamos hablado de eso. Me estaba ayudando a abrir el carro cuando llegaste, incluso me preguntaste algo así como… ¿ah? Si lo conozco, y te dije que sí.

—Te pregunté otra cosa, que si ya las muchachas habían empezado y me dijiste que sí; pero yo te vi sola. Y nunca me has referido nada con relación a ése tipo.

—Sucede que ese muchacho ya se había esfumado por el pasillo cuando te acercaste.

—¡Con razón..! ¿Cómo quieres que yo lo sepa? Alina.

—¡Pero de todos modos créelo! Soy yo que te lo estoy diciendo.

—Pero que raro que no lo reconozcas, Elizabeth. —Dijo Ivelisse —Es tanto lo que se rumora de él, no es solamente dueño de este edificio.

—Del país entero, dirás Tú. —Interrumpió Elizabeth, pelando los ojos y balanceando su exótico cuerpo, añadió. —¡Llévate de rumores y quedarás loca!

—Nunca tanto, amiga. —Interpeló Ivelisse. —Pero de que tiene dinero, tiene.

☆☆☆

A punto de descubrirse el gran misterio

—¿Cómo pudiste creer eso? —Volvió a insistir Elizabeth, abriendo sus piernas bien definidas. —Míralo como viste, tal vez sea quien cuide esto.

Rieron algunas a carcajadas.

—Me lo he encontrado en varias actividades de mucho movimiento y bebida, bien vestido. —Dijo Alina —No sé qué tan rico sea, lo cierto es que es arrestado el tipo.

—Ya había notado algo extraño en él. —Dijo Luisa.

—¡Qué ciegas están! —Interrumpió Elizabeth poniendo sus manos en la cintura y balanceando su cuerpo. Resplandece la voluptuosidad comprimida en su pecho. —Pero, mírenlo como viste. —Abrió la boca hasta enseñar su perfecta dentadura. —Mírenlo, se viste como un loco.

Hubo un silencio mientras salía la instructora de zumba. Y sin ser llamada opinó en la conversación diciendo.

—Eso nada tiene que ver muchachas. —Rebeca había llegado despacito, y cercándose más, susurró. —Pero de que tiene, tiene.

Todas miraron de golpe al joven que se balanceaba en la cuerda, moviéndose con ligereza. Ivelisse, Martha y Alina dieron sendos pasos hacia atrás y quedaron más cerca a la barandilla. Luisa levantó la cabeza y se separó dejando el hombro de Elizabeth tranquilo, donde se mantenía recostada. Cuando la instructora bajó, una de ellas dijo

—Todavía lo dudo. —Dijo Elizabeth.

—Gusto que lo veas caminando. —Respondió Martha. —Camina raro.

—Típico de su edad, me imagino. —Interrumpió Alina.

—¿Es qué no lo has visto tomando?, que debieras. —Replicó Elizabeth. —Chupa mucho, no hay ni para qué brindarle bebida…

—Yo también le he brindado cerveza. —Interrumpió Alina, acercándose a paso lento. —Y me ha contestado que no toma.

—¿Le creíste eso? —Con gran exaltación y risa burlesca dijo Elizabeth. —Ya veo que todo lo crees.

—Te confundió de nuevo. —Aseveró Luisa.

—¿Por qué querrá confundirme? —Alina no quería dejarse persuadir, la oyó susurrar a los oídos de Elizabeth. —A mí no tiene por qué confundirme ni hacerme creer otra cosa, si es borrachón,….es, para qué ocultarlo.

La amplia frente de Alina se arrugó mientras la miraba con los ojos llenos de rencor y rabia, con intención de volarle encima y golpearle el rostro. Respiró profundo y se contuvo al sentir que alguien subía.

—Yo no lo digo para que te sientas mal, amiga. —Corrigió Luisa.

—Pero ya lo dijiste.

☆☆☆

La inesperada visita de los sicarios

Gaspar Feliz estaba frente a ellas, el fortachón que había salvado de caer al abismo a su patrón, traía una caja de bebidas caras en el hombro. No bien se había acercado a la puerta. En segundos, entraron hombres armados hasta los dientes, empujando a la gente y diciendo improperios, forzaron a Gaspar a soltar la caja, y a las mujeres pegarse a la pared y ser requisadas a la fuerza. Gaspar trató de poner resistencia, y recibió muchos golpes, culatazos en la barbilla, por los costados y las piernas, la caja de cartón cayó al suelo y las dieciséis botellas: dos Vodka Diva Premium, dos champagne Bella Época, tres Vodka Russo Baltique, dos Coñac Henri IV Dudognon Heritage, dos Vodka Gold Flakes Supremes, un Licor de Chambord, tres whisky The Dalmore Trinitas, tres tequilas La *ley del Diamante*. Cayeron al suelo con estrepitoso ruido que arrancaron de las bocas de las mujeres, chillidos, llantos, nerviosismos. Algunos de los encapuchados se movilizaron a los vestidores y sacaron a los hombres y algunas mujeres que buscaban donde esconderse, así a medio vestir como estaban.

—¡Que aparezca Ariel Sánchez. —Por su tono áspero y terrorífico pareció ser la voz del superior, sofocado y con mirada desenfrenada, con voz ronca y diabólica, añadió. —Perecerán todos si no aparece.

Acabando de hablar se escuchó un disparó al fondo del edificio, y corrió hacia ése lugar.

La balacera que los hombres originaron en el salón B, posiblemente Juan haya caído abatido. El jefe del grupo asomó la cabeza entre el hueco del cristal destrozado donde minutos antes colgaba Almonte. Sangre en el dintel, cristales desparramados por todas partes; pero no había señales de Juan. La soga ensangrentada colgaba sola del techo.

—Parece que sigue vivo. —Dijo con indignación el jefe. —¿Qué esperan? ¡Muévanse, vamos, tras él! No vengan sin él, serían hombres muertos.

El pelotón de hombres corrió por todos lados, subieron por ambos partes a la azotea, buscando dar con el herido. Pero no había señales. Solo sangre fresca. Mucha sangre.

Cuando volvieron, temblaban de miedo. El jefe tomaba a Alina por los cabellos, era la que mas temblaba. Cuando Gaspar reaccionó, le condonaron otro golpe y cayó mareado de nuevo. El jefe tomó el celular, hizo múltiples llamadas dando duras órdenes, abriendo el abanico de búsqueda y poniendo al tanto otro infructuoso intento por atrapar a Almonte.

—¡Coñazo! Sé que alguien lo está ayudando. —Con voz áspera e insidiosa. —Están conspirando contra nosotros. — Tragó en secó, se oyen unos pasos, luego añadió. —Alguien viene.

—Parece ser un gimnasta. —Dijo uno.

—¿Y si es a quien buscamos? —Interrumpió con una sonrisa maliciosa. Clavando su diabólica mirada a sus secuaces y con voz áspera y malévola volvió a añadir. —Déjenlo subir. — Enfilando sus cañones hacia la puerta.

Las mujeres no dejaban de gritar, temían por sus vidas. Sus rostros pálidos pedían clemencia que no fueron atendidas.

Afuera algunos curiosos por el sobresalto y la balacera miraban hacia el tercer nivel. Tres encapuchados envueltos de la misma forma desenvainaron sus armas cortas y pegados a la pared fueron a su encuentro. Un hombre blanco y de mediana estatura puso un pie en el interior del salón y se asustó de muerte al escuchar.

—Suba las manos. —Lo tomaron por los cabellos, tenía intención de devolverse. —Usted es un pico chato de Ariel, llévele eso. —Con la pistola le partieron el tabique de la nariz. —Y esto también.

Y lo lanzaron encimas de los otros, sometiéndolo junto al personar a obediencia, luego los dejaron trancados en los baños. Un frenético encapuchado sacó una navaja y desgarró los asientos de piel y como no pudo maltratar los equipos de gimnasia, las cosas más livianas las tiró al suelo, y enfurecido se marchó tras los otros.

Al cabo de un rato, Gaspar, quien seguía tirado en el piso en el primer salón, reaccionó, y al ver que todo estaba tan tranquilo buscó salón por salón hasta que escuchó los incontenibles sollozos de las mujeres en el baño, tiró la puerta al piso.

☆☆☆

Juan reaparece sano y salvo

Volvió Almonte en un lujoso Mercedes Benz negro con dos pistolas enganchadas a la cintura, muy pocas personas lo creyeron y no fue hasta que caminó hacia el baúl y sacó de dentro dos ametralladoras. Subió las escaleras, entonces sí se convencieron. Seguían las mujeres temblando de miedo. Y no solo las mujeres, también algunos fortachones. Gaspar a toda prisa tomó una de las ametralladoras. Cuando Juan le preguntó por Alina, no supo que decirle. Ambos empezaron a buscarla de salón en salón, y por todas las oficinas. La gente se iba sumando. Por último rompieron la tiendecita de ropa de gimnasia, fueron al vestidor y la encontraron inconsciente, la habían obligado a ponerse unos pantaloncitos exóticos, y en el forcejeo le habían cortado con un casco de botella en el cuello. Juan se abalanzó sobre ella y empezó a darle los primeros auxilios. Sacó de su bolsillo un llavero, tomó dos llaves, hizo una cruz y se la colocó en la herida, tras una pequeña oración la hemorragia paró. Antes de que surgieran preguntas, Juan se movió en el preciso momento que acababa de entrar la policía, en total eran ocho.

—¿Qué diablos buscan aquí? —Les dijo Juan enfurecido.

Las personas empezaron a despejar el área.

—No venimos con ganas de discutir, señor. —Interrumpió un teniente joven, clavando sus ojos sobre el rostro de Juan. Parecía preparado, pero ignoraba a quien se enfrentaba.

—¿Por qué no salen tras ellos?

—No recibimos órdenes de civiles. —Lo enfrentó el teniente.

El Coronel al mando al saber la magnitud de la intromisión tartamudeando dijo.

—Nos llamaron sobre un tiroteo, no creí que fuera a Usted. Pero estamos a sus órdenes, señor Almonte. Deje eso en nuestras manos.

Recogieron los casquillos y algunos cascos de botella, sin pesquisas ni nada de lugar, se pusieron a la disposición de Juan, lamentándose del descuido y la tardanza de sus efectivos, pero a la vez le prometieron encarecidamente dar con los responsables del incidente cuanto antes. Y salieron.

Ya empezaba a caer la noche, Juan le ordenó a Gaspar que buscara la forma de reponer el vidrio y recoger los cristales rotos.

Minutos más tarde, cuando Gaspar recogía los vidrios Juan le ordenó que llamara a su grupo de hombres con el sedicioso propósito de retomar las armas. Iba a habilitar la vieja sección de sicariato. A partir de ese momento más de veinticinco hombres irían todas las mañanas a una finca grande y abandonada a las afueras de la ciudad: cuadriláteros, guantes, sacos, barras, y todas las herramientas necesarias para las prácticas de karate, taekuondo, King bóxer y otras artes marciales, y también callejeras, incluyendo acido del diablo, veneno y machete. Juan siempre llevaría una amplia correa de piel en la cintura, y en ella una navaja, y unas sandalias ligeras que le permitiera flexibilidad a la hora de dar grandes saltos. Los golpes debían ser contundentes y rudas las técnicas.

—Allí no habrá principiantes. —Dijo Gaspar sonriendo y meneando su inmensa mandíbula encallecida.

—Cuando lleguemos a la casa te hablaré con lujos de detalles un asunto muy serio y que quiero que lo manejes al pie de la letra.

Jamás creyó que la dicha de ser rico suscitara tanta envidia, pero dentro del lujo y la comodidad hay una historia oscura que contar.

—Como diga, Señor. —Hasta el momento no había nada oculto entre ellos, pero la noticia resultó sorprenderle a Gaspar y a la vez animarle.

—Nadie escapara a las reglas.

Lo buscan, sabe que lo buscan y un día tendrán que darse las caras.

—Ya hemos visto demasiado de abusos. Anhelo volver al campo.

☆☆☆

La asombrosa estadía en Nueva York

La asombrosa estadía de cuatro años en Nueva York le enseñó lo que el cine ni los libros pudieron enseñarte. Prisionero del idioma y otras limitaciones, víctima del prejuicio, el odio y los miedos. Juan siempre quiere socorrer al necesitado, es su gran defecto; pero ¿cómo iba a suponer que estas cosas le meterían en tremendos problemas? A mediados del dos mil seis vivió en Manhattan, ya se hacía llamar Ariel Sánchez por razones que luego vamos a detallar, fue un año inestable, y entre octubre y noviembre lo que era una dicha para él, ya que había conseguido trabajo en Nueva York, aquello de buenas a primeras se trocó en mala suerte, tendría para ese entonces veinte años, cuando convenció a su único amigo y jefe inmediato, Estanislao, una persona cascarrabias, pero a la vez un viejo encantador, para que fuera a ayudarle a salvar a alguien que gritaba desesperadamente en el patio del edificio, no tenía el verdadero conocimiento de la agresividad de los pandilleros, se escuchaban gritos: "Hijo de puta" "mojado" "mariguanero", y agarrándose las bragas gritaba el que parecía ser el jefe, "han llenado este país de ladrones y homosexuales", como picados por alacranes bajaban y subían a trotes por la escalera de emergencia con estruendosas pisadas pateando al hombre indefenso, y para amedrentar, en el callón hicieron algunos disparos, vidrios rotos y pedazos de concretos por los aires, algunos curiosos corrieron sus cortinas, asomaron la cabeza y volvieron a esconderlas, pero no hicieron intento de llamar a la policía. Adentro, Ariel insistía en que fueran a salvar a aquel hombre de las garras de los irracionales pandilleros, nuestro héroe forzó tanto la situación que el viejo tuvo que bajar y resultó herido en el estomago de inmediato, y murió. Ariel no tuvo de otra que huir, tampoco podía suponer que siendo el afectado quedaría atado de por vida a siniestras persecuciones, y por último, el horrible ajuste de cuentas contra su familia, que nada tenía que ver con aquello.

Terminando de jactarse de su suerte, le sobreviene un percance que no sabe si vivirá para contarlo. Ariel no pudo llegar a su casa, con penurias se trasladó de estación en estación. Dormía a la intemperie, con la salvedad de no dejarse ver ni dar su verdadero nombre. A medida que las horas pasaban iba pensando cómo conservar la vida. Aprovechaba el flujo de latinos y se movía a pie y en taxi en la ciudad cuando era necesario. Las persecuciones seguían, el jefe de bandas nunca toleraría que un inexperto pueda engañarle, y para colmo dos veces, y sobrevivir para contarlo.

Juan Almonte o Ariel Sánchez había salido del país a los dieciséis años, tuvo una niñez desgraciada, su madre se enfermó, limpiaba cristales y vendía flores en las calles para sustentarla, la casa número catorce del callejón siete en la Barquita de Sabana Perdida era un semillero de delincuentes, y cuando llovía se inundaba todo hasta el techo, por semanas enteras debía andar con los mismos trapos y muerto de hambre como al que la mano de la providencia lo había abandonado. Salía a pedir para su sustento y el de su madre, los niños se burlaban de él, algunos le agredían.

Cuando volvía la calma el niño retomaba su esquina y empezaba a vender flores. Escenificó enfrentamientos con niños mayores que él, reaccionaba encolerizado, siempre con miedo de que le golpearan la nariz, al leve roce la hemorragia nasal se hacía persistente. Las burlas cambiaban de situación. "Es hembra, no sabe pelear" Los niños se burlaban de él por el permanente sangrado y reían a carcajadas.

En seguida Juan buscaba en su pecho un crucifijo en su curtido cuello, se lo ponía en la punta de la nariz y la hemorragia paraba. Los niños intentaron más de una vez arrancarle el crucifijo pero la gente mayor lo evitaba. En combinación con otros niños, Rubén Darío, intentó robarle la cadena, golpearían a quien se lo advirtiera.

—Sigue sangrando el pobrecito. —Dijo el soez de Rubén Darío. —Vamos, no se les peguen se pueden contagiar.

Al día siguiente otra trifulca acalorada se originó, las mujeres que vendían tarjetas de recargas y periódicos corrían a desapartar a los niños. Juan sangraba y no podía ver, rápidamente buscó en el suelo dos palitos con qué hacer una pequeña cruz, no encontraba palitos por parte y su hemorragia continuaba, se desangraba, la intercepción de la avenida estaba que espejeaba de la sangre, y ya sin fuerzas se recostó en la acera, inclinó su cabecita a la verja y sus manos cayeron de par en par sobre un matorral, con sus débiles dedos arrancó una ramita de una planta de yerbabuena, hizo una cruz casi inconsciente, se la llevó a la nariz y su hemorragia paró. Pero se mantuvo en el suelo por largo rato hasta que una anciana le pasó un poquito de jugo de cartón y reaccionó. Aunque por allí estaba rondando una patrulla de policía, no hicieron alguna acción que se pudiera mencionar.

Todo volvió a la normalidad, los niños siguieron limpiando sus cristales y vendiendo sus flores. Hubo un niño que se le ocurrió informarle a Juan sobre el robo de su cadenita de plata, pero Rubén Darío le propinó la paliza tal como se le ofreció.

Al cabo de unos días Rubén Darío se apareció con la medalla enganchada al cuello y la enseñaba como si fuera suya, un trofeo que se había ganado. Estuvo a punto de armarse otro pleito. Siempre que se armaba una trifulca por más que Ariel evitaba formar parte algo se le pega y era siempre en la nariz que recibía los golpes, ya estaba acostumbrado a hacerse de dos palitos no siempre de yerba buena, cuando nada hallaba acudía a los dedos. Milagrosamente, al cabo de un mes su hemorragia sanó y por más golpe que le dieran en la nariz nada aparecía; mientras que el tabique de Rubén Darío se debilitó de tal forma que con sonarse la nariz chorreaba la sangre. Juan no tuvo reparo en pelear todos los días con él y golpearle en donde más le doliera y sabía que sangraba. Jamás supo cómo parar su hemorragia.

Juan no conoció a su padre, quien se fue a cambiar de vida a los Estados Unidos y murió allá. Ganaba bien, pero su hijo en el país andaba harapiento. Juan vino a ponerse zapatos el día que su tía viajó al país y lo llevó al consulado americano, y se los volvió a poner cuanto se montó en el avión que los conduciría a Nueva York. El niño reía feliz, aunque no eran sus sueños visitar a los Estados Unidos, ya no se hablaba de las torres gemelas y ninguna inquietud le nació en el saber por qué. Veía por obligación la efigie verde en la desembocadura del rio Hudson a la que llamaban "La estatua de la Libertad", tampoco le interesó saber de su existencia. Había escuchado sobre los pandilleros que controlaban Manhattan, pero no tenía intención de acercarse a ellos. Ya su tía le había advertido de lo peligroso que eran y le había recordado hasta el cansancio que en su familia no había pandilleros. El muchacho nunca cruzó lejos de la zona, iba a la calle 181 y regresaba. Allá pasó mucho más dificultades que en su país, el primer año recibió la triste noticia de la muerte de su madre, noticia que le hizo renegar de aquel país para volver a su tierra. No podía dormir. Bertilia Almonte, su madre, una noche se acostó y era tan fuerte el dolor que expiró sin más ni más, no gritó ni llamó a nadie, las escasas posibilidades de sanación se habían esfumado y la alimentación diaria con la salida de su retoño, se le había achicado todo, la mala alimentación le había acicalado los huesos y le había dejado los ojos hundidos y la piel corrugada, sus últimos días los vivió aletargada y sola en aquella pocilga.

—Madre, no te preocupes. —La última vez que hablaron por teléfono le repitió emocionado. —¡Iré pronto viejita!

—Encontrarás un cascarón humano cuando vengas. —Respondió la madre con voz áspera y desmejorada por las enfermedades y los años, añadió. —La miseria, el abandono y la soledad me han destrozado por dentro. La muerte se llevará solo migajas cuando venga por mí.

Ella guardaba un rencor contra su cuñada porque le había arrancado de sus manos lo que más quería en la vida, primero a su esposo, ahora a su único hijo. Sin extenuar su dolor. No llamó a sus vecinos como días anteriores para ser llevada al médico, no quería darle larga a sus sufrimientos. Eran días lluviosos, había amenazas de ciclones. Espiró serena. A los dos días, por el hedor se dieron cuentas algunos vecinos.

Ariel entristecido, tan preocupado estaba que parecía un enfermo, un enajenado mental, no dejaba de pensar en su madre, tantos planes hizo para ese diciembre, le remordía la conciencia. Se pasaba los días con la cabeza baja en la sala y en las noches, luego que todos se acostaban, bocabajo y con la cabeza entre sus manos lloraba tratando de conciliar el sueño. Aunque a veces no lo dejaba dormir el hambre, la tía con las telenovelas o el frio, de tantas malas noches amanecía con los palpados hinchados.

Pasado un mes dejó de sufrir. Todas las mañanas tenía la costumbre de levantarse temprano, radiante se lanzaba del sofá. A veces, sentado en la punta del mueble, observaba el extraño comportamiento de su tía, Ariel a veces creía que aquella señora rellena, de cabellos negros, dentadura perfecta, frente velluda, pudiera ser la hermana de su difunto padre, alto, negro y de nariz ordinaria. Razones para crecerle más la duda, pero debía aceptarlo, porque con ella iba a tener que vivir para toda la vida.

La que tanto le peleó cuando estuvo desempleado, lamentablemente el primer año ni el segundo consiguió empleo. El idioma inglés se le hacía pesado en la boca, hablaba con tanta pesadez como si masticara un chicle o si de saliva tuviera llena la boca. El tercer año fue más desagradable todavía. La tía trabajaba solo a varias paradas del metro como conserje en un salón de belleza y a veces invitaba a Ariel para aliviar su carga, el sobrino le ayudaba a lavar las toallas en la lavandería, mientras ella mapeaba.

Hubo un tiempo en que su hijo Rudy le acompañaba. Pero se llevaba a Ariel supuestamente con la intención de que Don Estanislao le viera y lo recomendara.

—Sobrino, hazla de taxi si es que quieres trabajar, debes hacer algo pronto, mírame a mí, no puedo negarme al trabajo, me las mato trabajando. Si yo fuera gringa no me exigieran tanto. Y no puedo decir me duele la espalda, me duele aquí o allá. Mi patrón explotaría y me diría: El empleado se pone dónde se le necesita si no puede váyase para su casa. Pero no quiero dejarme morir de hambre.

Los obstáculos que debió superar en Norteamérica

La única vacante que se presentó para Ariel a finales del tercer año fue ordenar vehículos en el parqueo de la plaza y para eso no se requería más experiencia que el poquito de inglés que ya dominaba.

Rudy, de la misma edad de Ariel, era rubio y gordito como su madre, tenía sus mismos ojos y sus mismos modales y la poca capacidad de perdonar como la tenía ella. Odió hasta después de muerto a su progenitor, a tal punto que ni siquiera después de muerto pudo perdonarle, él se divorció de Rigoberta antes que naciera y esto lo marcó para toda la vida. El viejo pasó sus últimos años en el más terrible lecho con cáncer terminar de próstata.

Vivían en un pequeño apartamento que contaba con una salita y dos pequeñas habitaciones, en la regular dormía Rigoberta y en la pequeña Rudy, a quien no le gustaba compartir su habitación con nadie, por eso a Ariel lo ubicaron desde el primer día que llegó a Manhattan en el suelo, sobre una pequeña alfombra, solo metía medio cuerpo, hasta que pudieran poner un sofá en su lugar. Al lado había un legendario comedor que una vecina mejicana había dejado por unos días, pero al ver Rigoberta la tardanza, lo consideraba tan suyo que lo cuidaba de que se lo pelaran. En el peor de los momentos la mejicana Marisol Fernández fue a buscarlo. Para Ariel aquel momento era el más estupendo de su vida, podía estirar las piernas todas las noches cuando pasado de las doce todos en casa dormían.

Aunque sobre la alfombra, Ariel pasó hermosas noches hasta que trajeron el sofá, en el pequeño sofá comían, tía e hijo cubrían todo el espacio y sin piedad lo hundían, hasta deshoras de la noche miraban la TV con las piernas abiertas de par en par sin que Ariel pudiera pedirles que se fueran a sus camas.

Cada mañana Ariel ayudaba a su tía en la cocina, había aprendido desde los seis años a cocinar, limpiar la casa y lavar su ropa, incluso en su país natal, llegó a bañar a su madre en su estado final de convalecencia. También fregaba la loza y sin que su tía se lo pidiera bajaba el cubo de basura, lavaba los trapos de cocina y por la tardecita la escalera, acompañaba a su tía a la bodega y picaba la carne. Y luego que empezó a trabajar, eran más sus obligaciones.

—Estoy feliz de saber que ya trabajarás. —Dijo la tía ese domingo.

—Yo también estoy feliz por mí y por usted, no tendrá que asumir mis gastos.

—Ni tampoco los gastos de la casa. —Acicalaron su alma estas palabras. Y más duro el golpe cuando añadió. —Ya hay un hombre trabajando y no debo matarme tanto.

Ariel había notado una mueca de felicidad, maledicencia y gran satisfacción en ella. Se quedó estático. Pero cuando lo entendió, también repitió el gesto porque entendía la idea de porque decía que era todo un hombre. No fue hasta entrar al baño y frente al espejo notó el cambio en su cuerpo, un poco pálido de tanto masturbarse, había mejorado su pelo, de altura aumentó dos pulgadas y de talla dos números. Su cuerpo de había vigorizado y su tez había conseguido lozanía. Pero nunca había tenido una novia y eso lo ponía triste; aunque su primo tampoco, pero lo del primo era otra historia. Tanto encerramiento lo tenía loco. Tres años y medio y ya parecía todo un hombre. No había acné ni resto de espinillas en su cara. Muchos vellos en todo su cuerpo.

Con su primer sueldo buscó entre los escaparates de las tiendas los zapatos que más le gustaban, y cada fin de semana compraba algo nuevo que ponerse para salir a pasear al Bennett Park y volver abrigadito a su casa, pero sin antes abonar la parte de la exorbitante cuota que le exigía la tía. Si se le olvidaba ella se lo recordaba. Porque su difunto padre vivió allí y hacía lo mismo. Todos pasaban por eso. Alguien tenía que ayudarla con los gastos de la casa, su hijo Rudy consumía mucho dinero en los estudios y no trabajaba.

☆☆☆

Fue víctima del prejuicio, el odio y los miedos

En una ocasión en que Ariel planeó comprarse una chaqueta nueva para verse con la primera chica de su vida, el precio era alto y no le quedó más que cincuenta dólares, faltaba la cuota de la tía y no había forma de justiciarlo si llegaba sin ellos. Para mal de colmo la tía estaba esperándolo al pie del edificio, enfurecida y con las manos abiertas, clavando sus grandes ojos sobre el bolso plástico que llevaba en la mano.

—Venga papito, deme la cuota.

—¿Me dijo que mi padre mantenía esta casa? — Respondió Ariel absorto al pasarle solo un billete de veinte, permaneció inmóvil y pensativa. Al ver que no le hizo caso, le completó los cincuenta dólares y añadió. —¿Me tocará a mí mantenerlos de por vida? ¡Esto no es justo!

Lloró como un niño aquella noche, no pudo verse con la muchacha, sus sueños se fueron al carajo. Empapó el sofá de lágrimas.

Rudy empezó a quedarse los fines de semana en casa de un amigo de nombre James, compañero de estudio. Ariel aprovechaba sin que su tía se diera cuenta y se acostaba en la cama de su primo a escuchar música: It's my Life de Bon Jovi; Fast car de Tracy Chapman; Get Ready for this de 2 Unlimited; Short Dick Man de 20 Fingers y Crazy de Aerosmith. Tarareando las canciones se dormía feliz, aunque no entendía nada de lo que cantaban.

Rigoberta creía tener ella sola la llave del cuarto. Hasta que una madrugada en que se levantó para ir a tomar agua a la nevera se encontró vacío el sofá, asustada, fue al baño y de la habitación de Rudy salían fuertes ronquidos. Buscó la llave y abrió con cautela, a pie juntillas llegó a la cama y con dos dedos recogió la sábana. Ariel estaba rendido del sueño, extendió sus manos y volvió a recogerla. La tía volvió a desarroparlo. Ariel arrugaba la cara, se esperezaba y buscaba la sábana sin abrir los ojos. Rigoberta insistía, y Ariel mas incomodo volvía a recogerla, y medio se irritaba arropándose de pies a cabeza. La tía intentó de nuevo, dejó la sábana caer al suelo. Ariel volvía a esperezarse y buscaba en toda la planicie de la cama, pero no pudo dar con ella, terminó acurrucándose con su propio cuerpo. Su larga espalda temblaba de frio, el carril de huesos se erizaba completamente, esto hizo que la tía estallara de la risa. Rigoberta no pudo contener las carcajadas y encendió las luces frunciendo el ceño simulando estar enfadada. Ariel despertó y se dio un sobresalto, enjugándose los ojos y muerto de la vergüenza pasó sin levantar la cabeza frente a su tía. No sabía si reír o si lamentarse. En el sofá, le atacó una risa de nervios que llegó a dormirse tarde.

Se levantó muy de mañana y se metió al baño antes que Rigoberta se despertara, se lavó los dientes, fue a la cocina y preparó el café, en una taza con azúcar dietética y leche descremada se lo llevó a su tía a la cama. Como todavía estaba rendida del sueño y tenía ojeras y por lo regular hinchado los palpados, cuando la despertó, ella no se atrevió a decir nada, más que preguntar la hora y dar las gracias. Ariel tampoco se atrevió a mirarla a la cara. Se ignoraron mutuamente. Ariel puso la taza en la mesita de noche y desapareció de su vista.

Media hora más tarde, en su discurso matutino, Rigoberta le exigía a Ariel que organizara los cojines del sofá, también que lavara la frazada y dos sábanas, una de ella y la otra de Rudy, añadiendo.

—Sabes cómo es tu primo. Tienes que lavarla. Tú la ensuciaste.

Ariel, por todo el día mantuvo la distancia, indiferente, por más alarmada y defraudada que dijera sentirse la tía.

La noche siguiente Ariel durmió en el sofá a la vista de todo el mundo. Rigoberta pudo sospechar que volvería a dormir en la cama de Rudy, se despertó varias veces para comprobarlo.

☆☆☆

Los pandilleros escenifican una balacera

Pasado lo seis meses de estacionar vehículos, Ariel iba a ser cambiado de horario, se desempeñaba de bien en sus funciones que le habían recomendado otras obligaciones, pero con el mismo sueldo. Ariel lo anhelaba cuanto antes, lo quería porque en el día podría dormir sin ser molestado en la cama de su primo, tendría todo el tiempo suficiente para descansar sin que Rigoberta le obligara a dejar el lugar o le jugara una broma pesada, aunque Rudy no fuera a dormir a casa esa semana. Porque había tomado una costumbre extraña de visitar y quedarse con ese joven que tampoco se le conocía novia y le molestaba todas las insinuaciones que le hacían las muchachas. Eso lo supo Ariel por boca del mismo Rudy.

Ariel debía corregir los fallos en la cañería. Don Estanislao estaba con él para adiestrarlo. Era la primera noche del entrenamiento. Le dijo.

—Es necesario que observes todo lo que hago.

Revisaba una por una las manivelas de los baños por donde se pudiera escapar el agua. Por un momento, Ariel escuchó al fondo del edificio un disparo. Don Estanislao seguía normal, como si nada hubiera pasado. Otro disparo más claro retumbó dentro, el viejo arqueó las cejas, pero no dijo nada. Y más atrás la ráfaga de tiros. Ariel lanzó un grito, tenía los nervios de punta.

—No te asustes muchacho —Dijo el viejo. —Eso no pasa de ahí, así es todas las noches. Debes acostumbrarte. Si te mantienes en tu lado y en silencio, no te sucederá nada. Mírame a mí que llevó más de veinte años oyendo noche por noche todo esto.

Ariel tragaba en seco y con los ojos desorbitados miraba al viejo. Aguzó el oído. Un herido se movía abajo en el fondo del patio, intentaba esconderse, pero sus adversarios no les dejaron adelantar. Unos pasos por encima de la escalera de emergencia. Otro disparó, una caída. Al parecer lo habían tumbado.

Ariel estaba inquieto y a toda prisa se acercó a la ventana, abajo había espesos vapores y poco se podría apreciar.

—¡Ven! —Dijo el viejo tomándolo de la mano. —No veas eso. Mantengámonos lejos de la ventana y trabajemos como si no estuviera pasando nada.

Abajo seguía el movimiento de personas, se escuchaban pisadas.

—¡Traicionero de la mierda! —Algunas frases en inglés y en español, todas descompuestas. —Te dije que te patearía el culo.

Luego un prolongados silencio y más tarde el ruido de autos, seguido de otro disparo cuando se marcharon.

La lentitud con que amaneció y el paso con qué Ariel regresaba a su casa mostraba lo desilusionado que estaba de su primera noche en el trabajo. En todo el día no pudo probar alimento y de vuelta al trabajo llevaba sus labios cenizos, ni siquiera un trozo de pan había digerido. El viejo le había llevado un panqué de cena y le obligó a comérselo.

—No me digas que todavía estas pensando en lo de anoche, muchacho.

—Así es señor Estanislao.

—Y ¿te vas a dejar morir de hambre? Lo mejor sería que lo olvides y pronto, ni que fuera tu hermano. Nadie se ha preocupado por saber nada de ese muerto ni se va a preocupar jamás, así que avívate que mucho te falta por ver, esto es el alto Manhattan, amigo.

Siguieron corrigiendo los fallos en la cañería. Al amanecer se les apareció un detective de apellido Douglas haciendo referencia al muerto, se trataba de un sospechoso de violaciones múltiples a algunas mujeres, un joven de descendencia latina; pero que hasta el momento ningún familiar estaba al tanto de los hechos. El viejo negó tener conocimiento del caso. Ariel a su lado estaba nervioso, sus nervios estuvieron a punto de traicionarlo. El policía lo notó y ávidamente clavó sus ojos sobre él. Ardientemente lo auscultaba de arriba abajo. Parecía un autómata. El viejo que le observaba con atención, añadió.

—Ariel, ve por agua y tráeme un vaso, me muero de sed. ¿Qué desea tomar usted, señor Agente?

—Es usted muy amable, caballero; pero no deseo nada.

Invitándolo al fondo del edificio para que le diera los últimos detalles de algunas ventanas rotas. Don Estanislao aceptó y muy precavido hizo su recorrido por dentro del edificio. El oficial buscaba la forma de que algo pudiera implicarlo. Recorría cada rincón en busca de sangre. Ariel venía con el jarrón de agua, los observaba con tristeza profunda. Don Estanislao ocultó todo resentimiento hacia los policías y se mostraba cooperador. El agente con gentileza le invitó al patio.

—Pero iremos por la escalera de emergencia.

Don Estanislao, luego de abrir varios candados que ya tenían oxido por el tiempo, le avisó a Ariel que recogía las cadenas. Los dos hombres descendieron con prudencia por la escalera en espiral. Pensando ¿En qué irá a parar aquello?

Don Estanislao le hizo señas al joven de que se mantuviera dentro. Una sensación de alegría y de temor invadió al muchacho, volviendo al salón principal, y allí esperó con la cabeza abajada, sentado en un largo sillón.

Los grandes ojos del muchacho volvieron a brillar cuando divisó en el fondo del pasillo, entre la penumbra, el lozano rostro del viejo con una sonrisa magistral en su barbilla. Con otra sonrisa de satisfacción lo recibió, sin importarle el rostro osco del policía. Estanislao se retiró a hablar con el agente, hasta que lo despidió sonriente.

—¿Qué le dijo usted al policía? —Le abordó Ariel cuando estuvieron solos. —¡Que se fue sonriendo!

—Bajamos al área del crimen y me di cuenta que no tenía el permiso para la requisa, ni algún recurso para remontar la escena. Tampoco existían testigos: nadie ha reclamado, visto ni escuchado nada. Es como si no hubiera sucedido.

El corazón de Ariel dio un salto soberbio y no tuvo de otra que reír con espléndida carcajada, más que satisfecho, estaba frente a una iluminaria humana, ansioso de escuchar algo nuevo, se comía las uñas.

Don Estanislao no se había dejado amedrentar por el agente, el acceso al patio por la escalera de emergencia fue un cautiverio, por años no la usaban. El viejo tenía vasta experiencia, pero algo le atormentaba, llevaba años viendo esto y no sucedía lo de esa mañana, la duda le daba vueltas en la cabeza, ¿podía el agente estar ocultando algo? Esa era la razón y no estaba lejos de la realidad, pero sin pruebas que lo confirmaran.

Al día siguiente las cosas siguieron normal. Ariel estuvo al tanto de las obligaciones en el edificio y reparó por si solo una cañería, la más complicada, ya el viejo le había sugerido aprender porque lo iba a dejar solo; pero dos noches después se le crisparon de nuevo los cabellos cuando la curiosidad lo llevó a observar por una de las ventanas que daba al patio, como un hombre robusto apretaba el gatillo de su pistola y la descargaba sobre el cuerpo moribundo de otro hombre de piel clara y cabello oscuro. Más adelante se aferraba a sus pies un segundo hombre, calvo y más gordo que el primero, suplicando que le perdonara la vida.

—Te lo suplico, por lo que más quiera, Señor. —Sollozaba impotente.

Tenía la boca ensangrentada y moratones por todo el rostro.

—Quiero mi dinero. —Lo pateó y le pegó un tiro en el muslo izquierdo, cayendo al suelo, le empezó a disparar muy cerca, y añadió. —Es mi dinero que quiero y no me lo quieres buscar hijo de puta.

Estanislao estaba al otro extremo del edificio, lejos del lugar de los hechos, había escuchado los disparos, sabía que tendría algo que ver con los disparos anteriores; pero le preocupaba Ariel y buscó habitación por habitación hasta encontrarlo temblando de miedo recostado al marco de una ventana, invadido por una impotencia terrible.

—¡Despégate de ahí! —Le dijo enfurecido. —Esa gente anda detrás de algo. Y puede implicarte.

El viejo lo tomó del brazo y lo sacó del lugar, lo llevó al cuarto de servicio. Ariel tenía las manos frías, la boca reseca y pálida, y en sus ojos mucho miedo. El viejo, de un pequeño termo vació té, una efusión de flor de tilo, hizo que se lo bebiera, luego trató de apaciguarlo.

—Recuerda, son gente malvada que no tienen nada que perder.

☆☆☆

La curiosidad puede más que todo

Abajo y en el patio, el grupo de hombres vestidos de roqueros, con aretes en las orejas y en el rostro, bien armados, se aglomeraban junto al calvo herido, lo cargaron y se lo lanzaron encima a otro hombre que estaba muerto, luego lo arrastraron dándole golpes hasta el baúl de uno de los autos. El ruido al pie del edificio podía escucharse en la manzana entera, pero nadie salía, y nadie más que Ariel, campesino al fin, se había atrevido a preocuparse por lo que sucedía abajo.

Chillaron las gomas de los autos cuando salieron del callejón, a toda prisa tomaron la avenida principal, constantes disparos de una metralleta hasta perderse a lo lejos. Hubo un gran silencio, silencio descomunal del que solo puede haber en los cementerios. De pronto y sin que nadie lo esperara, del andamio de la escalera de emergencia se deslizó algo pesado, como si arrastraran un paquete por los peldaños. Cuando Ariel se reponía del susto, volvió a escuchar que algo cayó al suelo. El ruido fue estrepitoso.

—Si es una gente, —dijo el viejo absorto con los ojos abiertos y su boca desdentada. —se mató al caer.

Ariel sin hacerse esperar respondió.

—Corramos, debemos ayudarle.

—Espera muchacho, espera. —Corrió tras él con los ojos más abiertos y tragando aire a bocanadas.

Ariel estaba nervioso, pero el viejo trataba de tranquilizarlo.

—Puede que esté mal herido. —Le suplicó el joven. — Debemos ayudarlo.

Estanislao sabía lo que implicaba todo aquello, pero quería sacarlo de dudas. A punto de convencerlo lo acercó a una ventana y empezó a explicarle que aquello no era una caída humana sino cualquier otro artefacto insignificante. El patio estaba oscuro, espantosamente oscuro. El joven quería bajar y convencerse, le volvió la tristeza y se apoderó de él, y en su impotencia apoyó su cabeza al cristal, le asaltó una intensa piedad y no le cabía en la cabeza que el viejo lo dejaría desangrarse.

Don Estanislao no le iba a dejar ir solo, era su único amigo, como un hijo para un padre, aprendió a apreciarlo, decidió darle fuerzas.

—Está bien, iremos a ayudarle.

Abrieron con precaución la puerta y bajaron con discreción. Aunque seguía oscuro, ya desde el segundo descanso habían divisado que aquello no se trataba de un hombre.

—Puede que sea un niño bocabajo y esté mal herido. —Insistió Ariel.

—No puedes negar a tu padre. —Risiblemente dijo el viejo y bajó la cabeza —No dejaba a nadie sufrir sin socorrerlo, a mi me salvó de muchas y dos veces de estos mismos pandilleros. No murió por el alcohol como dice la gente, le dieron una paliza por defenderme.

Esta noticia encolerizo más al muchacho y odio con odio de muerte a todos los pandilleros. Don Estanislao tenía aguarapado los ojos, sudaba a borbotones, y se pasaba las manos polvorientas por el rostro y dejaba marcados sus ásperos dedos de un polvo rojizo como el óxido. No pudo decir más nada, y sin levantar la cabeza continuó la marcha.

Ariel iba detrás y se espantó bajar al otro descanso, creyó ver al viejo sangrando y se asustó de lo mucho que desangraba. Don Estanislao supo lo que iba a inquirir, le obligó a hacer silencio, luego le enseñó las manos y las llaves para que entendiera de donde venía lo rojo color sangre y no se impacientara por el luminoso óxido. Aun con las manos abiertas el viejo tomó a Ariel por los hombros y lo desplomó en la escalera.

Hubo un momento de confusión, pero Ariel se convenció que era por su bien porque los autos volvieron a invadir el callejón, los aceleraban y sobaban sus metralletas. Se detuvieron al pie de la escalera y sacaron a un hombre bien delgado de un auto rojo, magullado por los golpes, con una expresión de pánico en sus ojos. Don Estanislao y Ariel, aprovecharon para terminar de bajar a donde estaba la maleta. El joven aun creía que se trataba de un niño hasta que la palpó con sus propias manos. Le dio por subir a toda prisa. El viejo se persignó, le ayudó con ella, lo resguardó hasta que pudieran llegar al tercer piso; pero el movimiento de la maleta sobre la escalera aumentó el pánico. Los pandilleros gritaron.

—¿Quién anda ahí? —Sobaron sus armas. — ¡Deténganse!

Las ráfagas se hicieron eternas, penetraban los tiros por todas partes. Los que subían pudieron cerrar la puerta, algunos disparos la atravesaron. Ariel se revisó y vio que todo andaba bien. Pero una bala había herido a don Estanislao y la herida era de muerte, el viejo obligó al muchacho a que continuara solo. El joven ponía los candados, mientras que el viejo intentaba ayudarle, corría a borbotones la sangre, perdía fuerza; pero aun así ayudaba.

—Corre por tu vida. —Le dijo boqueando. —Eres joven. Corre por tu vida. —Se dejó caer ya sin fuerza sobre la puerta. —Ya soy un viejo y mi vida hasta aquí está destinada.

—No quiero dejarte solo.

—Desaparece, hijo, vete lejos. Llama a la policía. —Volvió a repetir con la respiración entre cortada. —Llama a la policía. Evita que te hagan como a tu padre.

Con el dolor de su alma Ariel acató la orden. Le dio un cálido abrazo. Don Estanislao le besó la frente como solo podría hacerlo un padre. El muchacho sin dejar de mirarlo a los ojos le devolvió con el mismo gesto de ternura otro beso, beso sus manos y su frente. Temblaban sus manos, sus labios, sus palpados. Temblaba de cuerpo entero.

☆ ☆ ☆

Su ambición no fue ser rico, pero le atrajo desdicha

Los disparos no dejaron de parar, debía darse prisa, ya estaban cerca. Ariel dejó las llaves en cruz sobre la hemorragia del viejo, debía esconderse, esperaba encontrarlo con vida.

Tomó un pasadizo, mientras abarrotaban los pandilleros el piso, y al mismo tiempo que entraban al salón principal, la rendija del aire acondicionado se cerraba.

—No debe andar lejos. —Dijo el que traía más metales colgados en su cuerpo.

—Lo encontraremos. —Gritó otro.

Ariel se acomodó lo mejor que pudo en el conducto. Los hombres auscultaban todo, incluso la parrilla. Parecían más dóciles que todo lo que se contaba de ellos.

—Ya estoy cansado. —Volvió a decir el primero. —Se arrepentirá de haberme hecho esto.

—Lo lamentará en toda su puta vida. —Gritó encolerizado un tercero.

El joven se recogió con tanta majestuosidad que por más que quisieron mirar, entre el oscuro vapor, solo veían fibra de vidrio y papel lumínico. Ariel metió con precisión su cabeza entre las piernas y contenía la respiración, parecía un trapo viejo.

—De seguro es un maldito latino de mierda. —Dijo el primero, lanzando ráfagas de tiros por todos lados, ahuyentando hasta a sus propios compañeros. —Lamentará esto. —Tragó en seco, luego del agudo silencio lanzó otra ráfaga de tiros a los pies de sus compañeros y añadió. —Verá lo que hago con su culo de mierda.

Todavía a las dos de la mañana Ariel estaba metido en el conducto, y a la hora de salir tuvo que empujarse con las manos porque sus pies estaban entumecidos, y arrastrándose llevó a la ventana, se convenció de que no estaban y fue a la otra ventana opuesta y sujetó una soga, despacito la fue subiendo hasta empuñar la maleta.

Al día siguiente Ariel estaba lejos, no había encontrando el cuerpo de su mejor amigo, pudieron llevarse al viejo, pero debía espantar la huida. O se lo imaginaba en un funeral al que no podría asistir y es lo que más le dolía, no tuvo tíos, la única tía era Rigoberta y junto a su hijo corren peligro.

Desde que salió el sol hasta caída la noche estaba corriendo, salía de un escondite y entraba a otro. Un rato en la estación y otro en el restaurante chino, temeroso de que alguien lo reconociera y llamara a la policía. Iba a los lugares más frecuentados. Aprovechaba el tumulto para salir a la calle y con la cabeza cubierta tomaba el metro, tapaba su rostro al entrar al vagón, se sentaba de tal forma que nadie tuviera que hablar con él. Los policías miraban dentro de los compartimientos y le producía pánico. Y hasta no llegar a la próxima estación y ver que no le requisaban, volvía a estarse tranquilo. Volvía al escondite y encima de la maleta se dormía. Cambiaba de callejón todas las noches.

Una madrugada un mendigo merodeaba el área y cuando creyó al joven dormido intentó robarle, Ariel sobresaltado despertó y lo tomó por el cuello y le amenazó con una navaja, el mendigo asustado soltó la maleta. Esa noche no pudo dormir, y Ariel hasta las cinco duró despierto, cuando pudo dormir, su sueño fue tan profundo que despertó cuando ya adelantaba el día, al salir del escondite se sorprendió porque estaba frente al edificio donde trabajaba. Una nostalgia profunda lo invadió. Ya no quería seguir huyendo, perdió su amigo, su empleo. Dio una vuelta por el edificio, esperaba toparse con el dueño, se encontró con tamaña sorpresa: el edificio había sido cerrado desde el día de los sucesos, las pesquisas continuaban en casa de su tía. Quien también se vio afectaba al perder el trabajo. Una desgracia fue acarreando la otra.

—¡Échese a un lado! Mendigo de mierda.

Los pandilleros lo empujaron para cruzar sin obstáculos; pero no lo reconocieron por lo harapiento que estaba, hedía a diablo.

En casa de Rigoberta, el antiguo patrón se le apareció de sorpresa para maldecir el día que le consiguió el trabajo a su sobrino. El mismo fue quien le entregó toda la información a la policía y el primero que sospechaba de que Ariel fuera el responsable de la muerte de don Estanislao, y por añadidura de los otros dos occisos.

—¡Señor, no me hable así se lo suplico! —Gritó impotente Rigoberta frente a un hombre rubio, alto, cabello castaño y bien vestido. —No creo que mi sobrino tenga algo que ver con eso. Ariel no es un criminal, tampoco es ladrón, mucho menos mataría a don Estanislao, lo quería como a un padre. —Y sollozando añadió. —¿Qué mucho podría robarle?

—¡Tendrá que aparecer! —Interrumpió el agente Douglas con una expresión maligna en sus ojos. —Encontramos el arma con que le dio el disparo.

—Y tendrá que testificar. —Dijo marchándose el dueño del edificio en el momento en que le lanzaba la carta de despido en la cara.

El oficial de policía se quedó en la casa un rato más averiguando algunas cosas del supuesto implicado y haciéndole algunas preguntas de lugar a Rigoberta, quien ya le había demostrado cooperación, sollozando siempre y lamentándose de los sucesos.

—No llore, solo debe decirme la verdad, Señora. —Sacó el agente un apunte y tomó el lapicero del bolsillo de la camisa con intención de anotar, añadió. —¿A qué lugares pudiera frecuentar su sobrino? Parece que aun duda que sea el principal sospechoso ¿verdad?

—Tal vez quiso ayudar a ese hombre...señor Douglas, entienda lo que le digo, no sabe andar en este país. Tampoco tiene más familia que nosotros y no creo que conozca a alguien.

—¿Cómo pudo creer aquel anciano en un hombre así? Confió en él y lo mató. Si cree que puede escabullírsele a la policía, está equivocado.

—Tenga la confianza que testificará.

Cuando el agente salió, la señora le acompañó hasta la puerta.

—Debió haberlo hecho ya.

A un kilometro de la casa estaba Ariel con la cabeza hacia abajo y el alma en pena, meditaba por sus torpes y estúpidas decisiones. "Debí llevarme de don Estanislao, tantas desgracias he traído a mi casa".

Al día siguiente Rigoberta estaba sentada y sin fuerzas en el pequeño sofá, aletargada porque continuaba el interrogatorio.

—Se lo diré en serio, señora, si no aparece le irá peor. Así que no llore y compórtese, compórtese le digo, no vaya a perder sus fuerzas, la va a necesitar.

—Mi sobrino parecía tranquilo. Está conmigo desde los dieciséis. Son cuatro años que lo he tenido en mi casa, junto a mi hijo, nunca me trajo desasosiego.

—Alguna vez le pidió dinero. ¿Le había manifestado que quería mudarse…, bebía? ¿Fumaba? ¿Le robaba dinero?

—Ganaba para mantenerse, nunca se me perdió un peso, no sé qué le pasó por su mente.

—Mi primo nunca usó un arma. —Interrumpió Rudy moviéndose de un lado a otro de la sala. —No sé por qué quiere implicarlo de un crimen que no ha cometido.

—Va a seguir con lo mismo. Atenderá a mis preguntas o cierra el pico ya, muchacho.

Ariel como si estuviera conectado a su familia, presentía aquello. "Porque no le hablan de lo que les conté de la balacera en el patio". Se decía para sus adentros.

Rigoberta, como si lo hubiera escuchado, dijo.

—Noche por noche hay balaceras y muchos muertos, nunca atrapan a nadie. ¿Por qué a mi sobrino lo quieren acusar? Yo sé que nada cometió. ¿Por qué implicarlo?

—Muy bien Cherlock Holmes. Eso deberá explicarlo Ariel Sánchez, cuando aparezca.

—Aparecerá. —Dijo enfurecido Rudy, sacudiéndose con delicadeza la nariz. —Y se defenderá como un hombre.

—Si no lo encontramos primero, y no tendrá facultades para defenderse.

El agente se marchó luego de tomar las pesquisas y otros datos, dejó a la señora más preocupada que el día anterior. Le acompañó Rudy a la puerta, ella no tuvo fuerzas para acompañarlo.

☆☆☆

El agente muestra franca complicidad

Media hora después, Rudy al ver a su madre totalmente destrozada quiso ayudarla a sacar algunas conclusiones.

—No te resulta todo extraño, mami. —Miró al techo. Y diez minutos más tarde añadió. —Pero, mmm—Se despabiló y volvió a responder. —¿Para qué querría matarlo si fue el mismo don Estanislao quien lo recomendó?

Otros diez minutos más de silencio. Pero que parecían eternos. Añadió.

—Mmmmm, bueno. Sabemos que se originó una balacera. Solo eso sabemos.

La madre interrumpió.

—No sé qué decir, hijo. Si todo fue una balacera…, tampoco entiendo porque lo dejó desangrarse y no lo llevó al hospital o llamó a la policía.

—No tiene un corazón tan malo para dejarlo desangrar e irse como si nada pasara. Y ¿si Ariel está herido? Madre.

—Y ¿si la gente del tiroteo se lo llevó?

—Padre Santo. Voy por la Calle 181 y a la Avenida Fort, alguien podrá decirme algo. Y merodearé por el Van Cortlandt Park.

Rudy salió sin pensarlo dos veces y efectivamente se encontró con Ariel en la entrada de la estación de la Calle 181 con la Avenida Fort Washington. Parecía andar asustado. En cuanto reconoció a su primo lo abrazó y se puso a llorar sin soltarlo.

—Creí que te habían secuestrado, Ariel.

Ariel venía disfrazado con ropa ancha y raída, un pasamontaña gris y unas gafas negras que le tapaban media cara.

—No sabes lo mal que me siento, hermano mío.

—Tranquilo hermano, tranquilo. —Dijo topándole la cabeza.

Tuvieron que moverse hacia dentro del andén, los policías merodear el área.

—¿Y tía Rigoberta que dice?

—Anhelando que te vaya de lo mejor. Ella sabe que no lo hiciste.

—Dile que estaré bien. Que ya me viste y pronto iré a visitarla. Me libraste el viaje, iba para la casa pero de seguro está lleno de policía. Ya me tengo que ir.

—Siento tristeza tener que dejarte, pero es lo mejor.

Las palabras le salieron entrecortadas. No podía hacerlo perder más tiempo. Los policías llegaron hasta el andén.

—¿A dónde vas? Hermano.

—Todavía no sé Rudy, pronto lo sabrás.

—Cuídate, primo, llévate este crucifijo. —Extendió sus manos y le pasó el objeto, con él se llevó parte de su alma. — Me curó la cruz de vena cuando niño. Eres nuestro orgullo, mi madre te lo hace saber, tienes nuestro apoyo.

Ariel no sabía que Rudy también sufría de hemorragia en la nariz ni que tenía un crucifijo, por lo menos algún parecido tenían, habría posibilidades que lo heredara de familia.

Rudy quedó con los ojos enrojecidos y miraba hacia el horizonte con dolor y desdén al barrio donde Ariel y Rigoberta trabajaban, lo controla aquella banda peligrosa, solo los que andan con ese fin pueden vivir allí.

—¡Renuncié a volver a ese lugar! —Dijo Ariel como si adivinara lo que estaba pensando Rudy. —No quisiera encontrarme con esos cerdos.

—Primo, un velo oscuro y siniestro tiñe aquel horizonte.

—No temas, hermano, eso no será por mucho tiempo. ¡Toma! —Sacó un sobre manila de su abrigo. —Consérvalo, es para ustedes. Esto les servirá para mudarse a un sitio más seguro…hasta que yo vuelva.

—Gracias hermano, siempre supe que eras un buen chico.

Hubo un último abrazo igual de caluroso como el primero y entre lágrimas volvieron a despedirse. Ariel terminó de bajar y a toda prisa ubicó el vagón con más gente. Ya dentro, levantó la mano derecha para despedirse de su primo.

Media hora más tarde Ariel se movía por la 5ta. Avenida, había entrado a una tienda cuando por los cristales vio la maleta más linda del mundo, era de cuero, negra con cinturón marrón bien confeccionadas, hecha en Francia. Se hizo de ella y de algunas ropas para su uso.

Mientras que en casa de Rigoberta.

—¿Cómo me dices Rudy, que no sabes para donde cogió? —Dijo Rigoberta moviendo sus gruesos brazos de un lado a otro en la pequeña sala, copiosamente sudaba.

Rudy no sabía que repetirle, se pasaba las manos por la cabeza, caminaba nervioso de un lado para otro, comiéndose las uñas, hasta que explotó.

—¿Qué quería que hicieras, mami, que lo trajera a la fuerza? —El sudor corría por su frente. Se agitó su pecho. —Me dijo que estaría bien y que pronto vendría a visitarnos.

Una leve sonrisa apareció en tanto tiempo en la esponjosa cara de Rigoberta. Rudy aprovechó para continuar hablando. —¡Debe mantenerse escondido por un tiempo! —El timbre de voz era encantador. —Marcharse si es posible a Santo Domingo hasta que se aclaren las cosas. —Alentadora frase. —Y otra cosa, madre, te mandó esto.

—Nos advirtió que debemos partir de aquí cuanto antes.

Rigoberta tomó el sobre y lo bamboleó en el aire. Enfurecida peló los ojos, una alegría que segundos después se derrumbó al ver el dinero. Su rostro iba cambiando de color y añadió.

—Si es dinero sucio no lo quiero. —Rompió el sobre y lanzó las papeletas sobre el sofá. La invadió el llanto. El hijo la dejó desahogarse y la vio entrar y salir del baño.

Traía el rostro fresco, no era la misma que minutos antes descorazonadamente lloraba.

—¿Te aseguró que regresaría a Santo Domingo?

—A decir verdad, no. —Su voz pareció afectada por la inseguridad. — Pero es lo que estimo.

Se hizo un gran silencio, Rudy lo interrumpió.

—Mami, ¿qué vamos a comer?

Rigoberta tenía lejos que Ariel estuviera tan cerca, a menos de tres millas, si le hubiera dado cabida a la imaginación se habría recordado que Ariel no sabía andar por Manhattan. Pero era una mujer sufrida, y por tener débil la mente no se iba a recordar de cosa igual, menos ahora que se le achicaban los ingresos. Entonces se convencía y tarde se convencía que en la casa siempre falta un hombre.

—Ya debes de aprender a preparar tu comida.

Rudy se animaba a abrir la nevera y Rigoberta se apresuraba a levantarse del sofá, la puerta de la calle se abrió con estrépito y los pandilleros entraron destrozándolo todo.

Rudy corrió inmediatamente a su cuarto sin importarle en ese instante que aquellos hombres tumbaran a su madre y le pisaran la cabeza.

—Pero qué tenemos aquí. —Dijo Joseph, un hombre áspero de rostro desfigurado, vestido a lo roquero; mientras recogía las papeletas del piso y se las sobaba por la nariz.

Meneaba su inmensa mandíbula saboreando el olor a dinero como lo hace con sus cigarros.

Rudy, dentro de su habitación, le puso el viejo gavetero a la puerta. Dos hombres forcejearon hasta derribarlo con todo y puerta, lo tomaron por los cabellos, le retorcieron los brazos, metieron el cañón del arma por el costado derecho y por más que se retorció no tuvieron piedad con él. Lo llevaron a la sala y todo ensangrentado se lo lanzaron a la madre. Los interrogaron con fuertes gritos, injustas acusaciones e insultos, seguido de una tunda de golpes.

—Latinos del demonio. —Gritó Joseph, haciendo un recorrido por toda la casa, revisando el closet y vaciando todas las maletas y las gavetas. Sus secuaces andaban tras él como en una procesión imitando todos sus actos, rompiéndolo todo.

Un vecino, al tanto de lo que sucedía, inclinó su cabeza a la ventana al escuchar los gritos, pero retrocedió en seguida.

Los pandilleros bajaron corriendo. Atrás muchas miradas frías.

Llegó la noche, y allá lejos, Ariel con un arranque de nervios no podía dormir, amaneció y seguía desesperado. La pared donde tenía apoyada la cabeza estaba tan sucia que vertía un hedor acre. Decidido a entregarse a la policía y dejar todo atrás, no podía vivir en ese estado infrahumano, entregar la maleta al primer policía que viera. Pero al salir del callejón, el primer policía no le inspiró confianza, lo vio tan parecido a los pandilleros que sintió miedo abordarlo, el segundo, tan parecido a Douglas, color y estatura, tembló de miedo. Decidió personalizarse a la comisaria.

Tomó un taxi y en el instante en que se acercaba a la comisaria de Harlem, unos policías llevaban al agente Douglas, acusado de darle informaciones los pandilleros King Daddy Rasta, otros cargos le acusaban de utilizar los vehículos del departamento para darle servicio a la banda. Muchos utilizaban su ropa y sus credenciales con los que se hacían pasar como policías para hacer allanamientos y dar tumbes de drogas. Un camión blindado llevara preso a Joseph y su banda. Ariel reía a carcajada y le pidió al taxista que se devolviera.

—Disculpe. —Dijo el taxista. —¿Quiere que me devuelva?

Ariel asintió negativamente con la cabeza.

—¿Puedo saber de que se alegra?

Ariel no respondió, pero el taxista intuyó que era buena la noticia, y le devolvía la vida.

Cuando el taxi giró para alejarse. Douglas por encima de los hombros de los otros policías lo había descubierto. Ariel no temió a pesar de ser visto, porque el agente ya no tenía potestad para perseguirlo ni someterlo. Y le sonrió ardientemente en la cara. Reía y se mecía. El conductor creyó que iba a desprender el asiento. Ariel volvería a ver su familia después de tan fatigosa experiencia y la ilusión a cuesta de aclarar algunas cosas. El taxista dio la espalda al guía, la curiosidad lo mataba y preguntó a su compueblano.

—Tierra, es verdad que no me va a decir.

Exhibía el chofer una cabeza calva y redonda a la que le daba mayor gracia su dentadura amarilla por el cigarrillo y un bigote despeinado que cubría todo su labio superior y parte de la boca y donde se hundían sus pómulos unas patillas anchas morían. El énfasis que puso en su pregunta creó un efecto tan conmovedor en Ariel que a pesar de lo complicado del asunto terminó explicándole.

—Ese policía de mierda, se la cogió conmigo, escuché que lo habían detenido y vine a convencerme que así fuera.

—No te conviene que te vea, digo yo, aunque ya no importa. Que persiga a su maldita madre allá en la cachirola. Je, je, je, je.

En cuanto el chofer terminó de hablar tomó la interminable 5ta. Avenida y sin parada hacia la Broadway con 181 ave.

Durante el trayecto no se habló del tema. El taxista sacó una pequeña tarjetita con la bandera dominicana, a Ariel se le encendieron los ojos, le volvió el ánimo, aunque estaba completamente agotado.

Cuando ya estaba a algunas cuadras del edificio, no lo podía creer, su alegría fue mayor, la reacción fue tan grande que lloró de alegría.

—¡Detente aquí! —Le gritó al conductor.

Lo remuneró. Y a toda prisa corrió por la acera, llegó al edificio y subió las escaleras ya mugrientas y curtidas por faltas de las bondadosas acciones de sus flacas manos. Su corazón saltaba, se le quería salir, se juntaría con su parentela. El rostro le brillaba, sentía que transpiraba rico aire. Al llevar al pasillo se encontró con un joven alto, delgado y bien apuesto. Se dio un sobresalto, el joven andaba bien vestido, a la primera impresión le pareció ser fiscal; pero no era fiscal porque lloraba, sus ojos estaban hinchados y tenía el rostro desmejorado, era mucho lo que había llorado y cuando lo vio, su llanto fue más desconsolador.

Lo más inútil sería preguntarle que buscaba. Puso su rostro compungido frente a Ariel como si se conocieran. Se le desgonzó en el hombro, convulsionando. Ariel trató de sostenerlo en sus brazos pero pesaba demasiado.

—Cuánto pesa éste maldito. —Susurró como si se lo dijera a alguien y miró para ambos lados convencido que nadie lo estaba mirando, lo dejó caer despacito al suelo. Saltó por encima de él, inspeccionó su rostro para relacionarlo con algún pariente y no halló ningún parecido, sabía que no existía más miembro en su familia, pero nada se podría dudar y no podía preguntarle porque lloraba tan desconsoladamente.

Cuando vio que a Ariel poco le importaba que siguiera en el suelo se levantó con sus propias fuerzas y con hipidos intentó aferrarse a su nuevo amigo sin importarle el mal olor, bañaba de lágrimas su ropa. Ariel estaba muerto de la vergüenza, volvió a consolarlo.

Al cabo de un rato, cuando se le hizo pesado el calor de hombre. Despacito se lo despegó de encima. El caballero, con la miraba fría, y unos ojos azules explicó intentaba dar razones de su congoja.

—Nos han…, han quitado…to…todo. —Tragó en seco. Con palabras entrecortadas y voz ronca le dio una pista de lo que pasaba. —¡Dios mío, nos lo han quitado…

Flaqueaban sus fuerzas, intentó recostarse al hombro de Ariel, pero éste le esquivó y fue a ver lo sucedía dentro y efectivamente, una cruel evidencia de sangre en el piso, su familia había sido ejecutada, sangre por todos lados, trastos en el suelo, el sofá roto, cintas amarillas y todas esas cosas que ponen los detectives en la escena del crimen. Cayó desplomado, ahora el otro joven era que lo consolaba. Pero, ¿por qué lo hace? ¿Quién es él? Sentía como las ventanas de los vecinos se cerraban. El llorón, tomó una foto en la sala, parecía acariciarla. ¿Y si se trata del novio de Rigoberta? Nunca dijo tener novio, pero ¿por qué viene a aparecer ahora?, parece su abogado, tal vez tenga su seguro de vida. Ariel lo inspeccionaba y el joven se había dejado abordar. Por la rabiza del ojo intentaba darse cuenta de quién era la imagen de la foto. Seguía acariciándola. Un poquito más y podrá verla. Transitaban temblorosos por encima de la imagen aquellos dedos blancos y macizos. Se escuchó un suspiro y la foto cayó al suelo. Ariel se movió a recogerla, estaba dedicada al dorso: "Lo que en ningún lugar hallé, sobreabunda en tus brazos" leyó rápidamente, la tinta estaba reciente y legible la escritura, y bonita la declaración de amor. Dudaba tal facultad en su tía. De ser cierto era una garantía inminente de que se iban a casar. Entre la honda tristeza, una invisible alegría nacía por la comisura de sus labios. El otro extraño tenía las manos abiertas, esperaba su foto. Ariel al intentar pasársela, la volteó, no se podía imaginar, por su mente nunca pasó que se tratara de su primo Rudy, entonces esté debía ser James, y efectivamente tal y como se lo suponía, su primo ocultó celosamente este secreto a su madre todo el tiempo, James palideció al ser descubierto.

Ahora los dos caminaban de un extremo a otro del pasillo, nadie, ni siquiera los vecinos más cercanos se acercaron a darle el pésame, mucho menos algún detalle. Ariel no podía volver a la policía ni quedarse en la casa, se convertiría en presa segura, debía dejar las cosas como estaban, estaba perdido y solo, muy solo en la vida.

—Yo recogeré los cuerpos. —Dijo James de buena gana, se veía pasmado y en la peor agonía. —Y les daré santa sepultura. Cuando todo haya pasado, te llamaré.

Ariel se despidió con un cálido abrazo, pero antes de llegar al segundo piso, James lo alcanzó para dejarle unos teléfonos y unas direcciones.

—Estas personas pueden ayudarte. Sé que las necesitas.

No solo por ser Ariel Sánchez latino. Al que acusarían de fraudes y vincularían al lavado de dinero, tráfico de drogas, armas de fuego, robos y asaltos a mano armada; sino de Santo Domingo, por haber vivido en uno de los barrios más peligrosos del mundo y venir de otro más marginado todavía, de la periferia de la capital Dominicana, ya daba mala espina.

Desde muy corta edad su vida estuvo marcada por la miseria. Ahora su único objetivo será sobrevivir, ganar dinero suficiente para subsistir y pasarse el resto de su vida acumulando riquezas con qué comprar a las autoridades hasta el final de sus días. En esto precisamente iba pensando James mientras salía con rumbo a su casa.

—Y por aquí siguen andando como si nada la banda King Alpha, Latin King, y todas las King que se forman a diario en Nueva York.

Ariel anduvo medio Manhattan, amplias aceras repletas de gente, calles y avenidas anchas, taxis amarillos, bus y autos privados moviéndose en una misma dirección, edificios altos, el tumulto en las intersecciones se mueven luego de la señal de paso, abrigados, según arreciara el frio.

Ariel fue a dar a East Tremont Bronx y habló con unos traficantes de humanos. Luego otro tren lo llevaría a Passai, en paterno, se juntó con quien le conseguiría los papeles falsos, y por último a Atlanta City, allí tomaría el avión que lo trasladaría a Santo Domingo.

☆☆☆

Controla el tráfico de drogas en el Caribe

Cinco años ya habían pasado y pareciera ayer. Las persecuciones seguían en la isla. Juan se ve obligado a mantenerse oculto, refuerza su esquipo de trabajo, su poderío y sus acciones se ven en juego. En el campo de tiros los empleados se referían a algunos temas de lugar. Por ejemplo: sobre algunos militares pilotos que se prestaban a hacer encargos aéreos, intrépidas y arriesgadas acciones, que iba desde robarse una aeronave privada y traer la droga a la isla, lanzarla a los cañaverales y recogerla y distribuirla en la aeronave asignada al jefe de estado mayor.

La esposa de Gaspar cocinaba para todos y terminaba la conversación tocando una campana invitándoles a comer. Luego del almuerzo, les hacía un café, los hombres volvían a las prácticas de judo, menos el equipo de francotiradores, los llamados sicarios, quienes estaban dispuestos a arriesgar sus vidas, impedirían a toda costa que el negocio se vea truncado.

—Ha mejorado mucho con los disparos, Señor. —Dijo Gaspar a su patrón, rascándose el mentón. —Pone la bala en el mismo orificio. Ya veo que ha mejorado bastante.

Juan tenía la manía, después de descargar medio peine de la pistola, de mirar su reloj Hublot Black Caviar Bang. Porque algunas veces iba al billar (pero ya no había tiempo para el billar ni sus rubias exóticas y locas). Esa semana tenía una cita con el señor Berenger, quien le daría clases de seducción, y se le hacía tarde:

—Si las mujeres tardan horas vistiéndose, ¿Qué crees? —Dijo Berenger moviendo sus manos y abriendo su boca. —Buscan ponerse la ropa con qué poder impresionar, ¿Por qué usted no puede durar un minuto mirándola? y reconocer ¡cuán bellas se ven! Si no es su tipo de mujer, si usted por la razón que sea no le parece bella, siga observando detenidamente su cuerpo, en las partes curvilíneas, ovaladas hay muchas, veras en cada comisura un halo de poder. —Estaban solos en una atractiva oficina con dibujos y caratulas de mujeres con ropa intimas por todos lados. Movía sus manos encima de sus tetillas. —Una fuerza infinita, retoño de sexualidad exquisita, diría yo. Ahí comienza la atractiva hermosura.

Hizo un silencio para cambiar de diapositiva en el monitor, luego continuó.

—Ellas usan en cada evento un vestido nuevo, zapatos, collares y peinados exóticos que convine con el vestido, y si no hay eventos, hacen una actividad en su casa para que sus amigas puedan ver lo bien que saben elegir sus ropas. Porque día tras día la mujer trata de verse bella. Buscan encender todos los ojos, en los hombres la pasión y en sus amigas la envidia. Me entendió señor, Juan, no se me duerma, je, je, encenderá los ojos por los motivos que sean.

Hizo un silencio más prolongado, movió varias diapositivas con imágenes de mujeres bien vestidas como si se tratara del soberano o de los premios Oscar, luego continuó.

—Cuando hables por teléfono, trata de decirle algo que le erice la piel. Nunca vayas de golpe a hablarle de los puntos prohibidos, le darías la sensación de que estas desesperado. Hazle ver que no tienes prisa y que con las mujeres siempre has sido un triunfador. Acelerarás su corazón. Por más linda que sea, tu no debes demostrar que si te la consigues te has sacado la lotería, sino por el contrario, la lotería se obtiene si ella te consigue a ti.

Juan miraba con manía su reloj, pasaban de las siete. Hablando de estas cosas se pasaba rápido el tiempo. Se disculpó y salió en seguida, debía hacer una diligencia.

A partir de esa noche, Juan iría al hospital a saber de la situación de Alina. Cada vez más lívida, con el rostro demacrado y los pómulos hundidos. Al entrar al hospital, un hombre ordinario le llamó la atención, parecía un espectro.

Entró a la sala. Los médicos estaban dándoles sugerencias a las enfermeras. Juan se le acercó a una enfermera de cabeza cana, le ofreció gratificarle si le avisaba de cualquier novedad que se presentara en el centro. Al salir se volvió a topar con el mismo hombre sospechoso en el pasillo.

—Ése es el camillero. —Dijo la enfermera. —Y lleva muchos años en eso.

Pero como Juan no se confiaba de ninguno de ellos, puso un hombre de confianza como seguridad en la habitación de Alina, disfrazado de policía. Al día siguiente la paciente que compartía habitación con Alina iba a marcharse, pero antes de irse, quiso preguntarle con gran inquietud a Juan.

—¿Qué tiempo hace que lo deportaron?

Y como respuesta hubo un perpetuo silencio.

A principio de septiembre, luego de superada la amenaza del huracán Irene y de haber mejorado la salud de Alina, el huracán Katia si era una amenaza inminente. Pero a pesar de eso, se planeaba una fiesta, y era en casa de Alina. Hacia un sol maravilloso ese viernes 2 de septiembre, y por la noche, la luna empezaba a verse preciosa.

Se la habían preparado las amigas por su reacción en el hospital. Un reducido grupo de mujeres. La llegada de Juan les había impresionado, tal vez el peinado, andaba elegantemente vestido, era el centro de atracción. Para la ocasión se puso las prendas más caras, combinado con su traje negro, bien confeccionado. Inquietando a los ojos caprichosos, aumentando la libido a las fantasiosas.

La anfitriona al verlo se le acercó y lo recibió con pleitesía. Juan hizo una reverencia y le besó la mano, una cadena de oro amarillo 18 quilates con tejidos exóticos y un dije hecho a manos en forma de cruz le llamó la atención a Alina cuando resplandeció con la luz de la lámpara. El caballero le soltó las manos despacito como si quisiera quedarse con ellas, por debajo de los gemelos brilló un reloj Patek Philippe's Platinum World Time.

—Tenga la bondad de seguirme. Señor.

Sin mediar palabras lo condujo al bar y allí le pasó una copa con whisky, luego se la cambió por una botella con agua. Juan tomó la botella de agua y también el whisky y cuando ya se disponía a tomarse un sorbo del whisky.

—Mnnnn, pero me dijo que no tomaba alcohol.

—Una copa de whisky no perjudica a nadie.

Juan sonrió, dejó la copa en la bandeja y destapó la botella de agua y se animó a seguirla a donde quiera que fuera. Alina volvió con Ivelisse y otras amigas al centro de la sala.

Minutos después aparecieron algunas invitadas vestidas a la moda y el confort. Quien fungía como camarero era el entrenador, ella se movía dibujando con sus pasos una línea curva e imaginaria. Así fue recibiendo a todas sus amigas. Luego se iban conformando de tres en tres. Pasado unos minutos, la anfitriona miró los vasos de todos ellos, llamó al camarero quien de inmediato hizo presencia. Le indicó que buscara bebida y hielo. Quería hacerle ver a los invitados que estaba pendiente de todo. Enseguida el entrenador trajo la jarra de hielo y la depositó en el salón y fue por el whisky. La sala era amplia y estaba adornada con carísimos muebles, lámparas en diferentes lados del techo, cortinas bien hermosas en ambos costados. Las paredes estaban pintadas de un color que iba acorde con el tapizado crema de los muebles, resaltando el blanco hueso de las cortinas y la pared del fondo. El patio era amplio, pero tenía un rincón sombrío que daba miedo. Y al pie de un árbol había un banco de hierro a lo antiguo y una oscuridad tétrica, cuando las ramas del árbol se movían desaparecía la densa neblina y los rayos de la luna traspasaban ligeros, hacía recordar a la madre de Alina sus encuentros juveniles.

Alina cortó la conversación para recibir otro invitado.

—¿Por qué no trajo a su amigo? —Dijo Elizabeth, mostró en sus ademanes una suspicacia extrema, tan excitante y encantadora que hacen enloquecer a cualquier hombre.

—¿Crees que no vendrá? —Respondió Martha refiriéndose al mismo joven que llegaba. —¡Como se descuida ese muchacho! —Incomoda. Luego añadió. —¿Te fijaste en la imagen de su camiseta?

—¡Por Dios! ¡Qué tonto es! —Así una vez tuve que incomodarme con él, yo que vivo atenta al comportamiento de mis hermanos. Un día Raulín llevó a casa una camiseta de Marilyn Mason, quedé anonadada, imágenes feas y ensangrentadas; pero mi madre se puso peor que yo, tan histérica y desconcertada que estuvo a punto de quemársela encima.

—¡Que atrevimiento de su parte! —Saboreando con sus labios el borde de la copa con exquisita fantasía. —Pero, ¿dónde la conseguiría?

—Me dijo que... —Dado que sus palabras revelaban una intención tan diferente a lo que iba a decir, Elizabeth era muy pervertida no se privaba de lo que le producía placer y se dejaba llevar a donde su ardoroso espíritu quisiera, aprendió a ponerse pálida a la hora de fingir. —que tu hermano se la había regalado; pero no se lo creí.

—¡Mi hermano! ¿De dónde va a asacar cosas igual? Lo mataría mi padre.

—...de una colección que se ganó en un concurso de radio o por el internet, de esos que rifan y cosas de ese tipo. Parece que ellos son fans...

Cuando se acercaron Alina y Rubén, el joven traía puesto un suéter parecido. Se sonrojó Elizabeth, quedó totalmente avergonzada.

—¿Qué cosa viste que estas así, mujer? —Preguntó Alina.

Elizabeth sentía que el mundo se le iba a derribar. La desilusión la llevó a querer irse. Alina intentó encontrarse con su mirada, Elizabeth la esquivó, y después de tanto reflexionar, Martha le dijo con honda tristeza.

—Ahora entiendo porque mi hermano no permite que nadie entre a su habitación,...ahorita mismo recojo y quemo todo lo que me parezca extraño.

Alina creyendo acertar de lo que estaban hablando, dijo.

—Quema todos los cigarrillos, pero a él no lo quemes, por favor.

Sopló la brisa y un golpe fuerte retumbó en todo el salón y cortó la conversación de las mujeres, les arrancó gritos. Las ramas de los arboles empezaron a moverse y a resquebrajarse.

—Bueno, bueno, bueno...—dijo Juan. —mañana será un día tedioso, veo que aquí se acabará la fiesta. —La tormenta le metió miedo. —¿Vieron como el huracán Irene golpeó a las Bahamas?

—Mañana es un día que debo levantarme temprano. —Aseveró la anfitriona, la dentadura lució perfecta al hacer la mueca de miedo más llamativa del mundo con su menuda carcajada coquetona. —En este mes de agosto se me han aguado todos los planes. —Se le trabó la lengua a Alina cuando alegó. —No estoy borracha. —Todas rieron.

Juan se codeaba entre las amigas de Alina, sabían que era acusado de fraudes, que lo vinculan al lavado de dinero y tráfico de drogas, pero ignoraban las armas de fuego, y que lo acusaban de robos y asaltos a mano armada, y lo peor de todo, de tres muertes, muertes que no cometió. Juan parecería hombre sensato, recibía a los desposeídos y con los ojos arrasados en lágrimas escuchaba sus testimonios, dejándoles ver que su desdicha no pasaría de ese día. Se iban con una considerable suma de dinero. Ellos lo verían como un aviso del Señor y por si esto sirve de algo, se pasaban muchos meses intercediendo por él.

Al otro extremo otras mujeres murmuraban de Juan. No era el único hombre, pero si el mejor combinado.

—El pelo lo tenía más largo. —Enfatizó Joaquina, por la comisura de sus labios se delineaba una rayita negra, definía el borde de sus labios carnosos, alzó indiferente la mirada hacia la nada, tan engañosa que invitaba a mirar. Se enardece con otro ademan, una rotación de ojos tan perverso que le dio otro giro a la conversación. —Hablando de cabello, no quisiera mojarme el pelo. —Mientras más inocentona se hacía parecer más perversa era, otro movimiento de labios hizo a Juan estremecer. —...y no solo mi pelo. —Repiqueteó sus largas pestañas con elegante repiqueteó, respiró profundo, provocó que todas la miraran con disimulo.

Elizabeth no encontraba la forma de controlar sus nervios y por más que quiso disimularlo.

—Lástima que no le gusta peinarse. —Refunfuñó Luisa haciendo la misma comparación de siempre. —Aunque tu prometido, Geraldo, le gusta tener un cepillo de peinar en las manos. —Se calló por un rato, volvió a hablar de su novio para terminar elogiándolo. —Mi novio y yo apenas tenemos tres meses y nos entendemos a la perfección. Me lleva al trabajo y me va a buscar. Los domingos por la tarde cuando sale de la iglesia me lleva al pequeño jardín de su casa, tiene un diseño infantil.

—¿Por qué no está ahora con nosotros? —Preguntó Joaquina.

—Vino a traerme, pero debía irse.

—¡Qué pena amiga. ¿A su Jardín infantil o a visitar la iglesia?

Una honda tristeza la arropó.

—No quiero caras tristes. —Dijo la señora María. —¡Ahora que esto se poner bueno! A beber.

Rieron a carcajadas.

☆☆☆

La maldición le persigue

A medida que las carcajadas iban aumentando. Los dedos de Elizabeth se iban crispando y con mirada diabólica observaba a su novio. Con tenacidad y furor dirigió las uñas a su rostro, Rubén las esquivó. Lo agarró por el suéter. Forcejearon. Todo el salón se aglomeró. Los despegaron. La furia de Elizabeth era tan intensa que enrojecían sus ojos y como una autómata apretaba sus puños y sus dientes.

Rubén pudo soltarse, y se marchó enseguida. Elizabeth también salió pero en sentido contrario, ella fue a internarse al patio. Sus pasos eran apresurados, movía sus amplias caderas. La fuerte brisa que corría por el patio le agitaba la falda y dejaba poco a la imaginación. Juan corrió tras ella. Seguía irritada. Ella llegó al banco y se sentó. Permaneció largo rato con la cabeza entre sus manos, sin advertir que tenía a Juan en frente, se echó a llorar.

Juan se sentó a su lado, le fue acariciando lentamente los cabellos, los risos le quedaban muy lindos. Fijaba su mirada sobre ella y trataba de consolarla. No sabía que decirle, se le hacía imposible, era exóticamente atractiva. No le surgían las palabras ¡Y no lo podía creer! Pero la desnudaba con los ojos.

La brisa volvía a aparecer por momento, seguía batiendo y dejaba totalmente desnudos los muslos de la chica que ya por si estaban medio descubiertos. Seguía con los ojos arrasados en lágrimas. Juan no podía evitar mirar sus muslos rellenos, suaves y blancos. ¿Cómo podría pasarlo por alto? Ella gime y hasta eso le ha cautivado, le da un toque sensual a sus gritos, que induce al vicio.

Las amigas aguzaban el oído, observaban los movimientos de Elizabeth. Ella mostraba dominio, aceptando lo que Juan le estaba recomendando. Para Martha aquello resultaba malicioso, regularmente, no dejaba espacio a las suposiciones, por eso se atrevió a decir:

—¡Vamos a ver si lo está conquistando! —Dijo una.

Y despacito, se acercaron todos.

—Deja de dramatizar, amiga. —Dijo Alina con una sonrisa irónica en los labios. Fue la que llegó primero. —No debiste tratarlo así.

—No sé lo que pasó por mi mente. —Hizo silencio, recogió sus bucles dorados, y continuó. —Tal vez me acordé de Esteban, tenía la misma camiseta… no quiero ver que se suicide. ¿Por qué me tocan estos tipos de hombres a mí? ¡Dios mío!, ¿por qué?

Se ruborizó Alina, esa historia la creía superada, su amiga Elizabeth contaba lo que vivía y sentía, sus ojos se ponían de distintos colores, sus mejillas se sonrojaron. Alina añadió.

—Es bueno inculcarle a la familia que busquen de Dios desde pequeño.

—¡Sí, pero mi vida es recoger locos.

—Quédate soltera.

—Soltera yo. —Dijo Elizabeth. —¡Mejor muerta!

Quedaron sus grandes ojos arrasados en lágrimas. Juan intentó pasar su pañuelo blanco con fragancia a Channel nº5 que ella le arrebató de la mano y añadió.

—Gracias, amigo. —Limpió su hermoso rostro. —Tendré que llevar esta maldición a cuesta.

—¡Vengan y conozcan a mi madre! —Dijo Alina dando un giro y caminado hacia la sala, todos la siguieron, algunos más lentos que otros, allá dentro, de una manera inconsciente empezó a recalcar las dotes de su progenitora, esto en otras ocasiones la había ruborizado. Estaba tensa del trabajo y muy preocupada con la ola de delincuencia.

Juan seguía distante, observaba a la señora, sabía que la había visto en alguna parte; pero no recordaba donde. Le tocó hablar a Ivelisse, caprichosa y burlona, alta, un metro ochenta, delgada, de pronunciados pompis, rubia, parlanchina, bien posicionada, inteligente, de vivarachos ojos verdes, su Light Blue pour Femme de Dolce & Gabbana, asesora en la embajada de Canadá; luego a Martha, bien contornado cuerpo, de ojos grande y encantadores, largas pestañas, pronunciadas cejas, su Coco Mademoiselle de Chanel, dueña de una tienda en Acrópolis Center; y en ese orden a Elizabeth, Cabellos rizados, ojos de azul intenso, de alta estatura, un metro setenta y ocho, rubia, su Chance de Chanel, administradora de una sucursal del Banco Popular; Luisa, rellena, de grandes bustos, coqueta, risueña, cabello lacio, ojos negros y redondos, su Emporio Armani Elle de Armani, subgerente en D'Dos Mercería.

—Las envidio. —Interrumpió Elizabeth Mucho más sensibilizada, absorta y aun con los ojos arrasados en lágrimas. —Añoro tener una madre así, que me apoye y me de cariño, que esté contigo siempre y acepte a mis amistades. Me encantaba de niña vestirme así, con ropa de seda, a la antigua. Veía a mis primitas vestidas muy elegantes, todos los domingos las vestía mi tía.

—Solo hay que armar un juego. —Interrumpió la señora María, su Black Xs for her de Paco Rabanne.

—¿Cuál?

—El de la botellita.

Había dado en el clavo la madre de Alina y todos se quedaron con la boca abierta. Luego añadió.

—Yo seré el jurado y quien pierda debe contar algo de su infancia. Esperen, esperen, una regla: lo que se diga aquí, de aquí no sale.

—Lo que suceda en la vega, en la vega se queda. —Dijo alguien.

Todos se reunión en círculo, a prisa, en el centro del salón, y Andy con su Euphoria for man de Kalvin Klein como quería ser escuchado buscó la manera de perder en seguida.

—Viendo cómo se comportaban mis hermanos. —Dijo sin hacerse esperar. —Aunque todavía siguen iguales de tremendos. No han superado la infancia, y conmigo buscan completar lo que les faltó. —miraba para todos lados para convencerse de que lo estaban escuchando. —¡Cómo me encanta la inocencia y la ingenuidad con que preguntan sus cosas! Mis padres se aburren.

—¡Acaba! —Dijo Luisa brotando la nariz. —No tenemos tanto tiempo.

—Nunca llegué a cansar a mis padres.

—¡Pero a nosotras sí! —Dijeron tres al unísono.

—Dispuestos a enseñar lo que anhelaba mi corazón. Nunca me sentí excluido en la familia, tampoco quiero vivir huyendo de ellos. ¡Sería un asco!

Elizabeth seguía irritada. Esto es vez de mejor la situación, la empeoraba, le llenaba de fragor el alma. Andy hablaba y hablaba entregado a sus ensoñaciones. Juan lo observaba y si no fuera en casa de Alina lo hubiera tratado como acostumbraba hacerlo con hombres iguales de fantoches. En los lugares tácticos donde preparaba las fiestas para negociar con empresarios influyentes, sobran las mujeres, elegantes y lujuriosas, acostándose con la de su gusto, a las que lo hacían por necesidad les pagaba mejor que las que iban por el lujo.

Cuando Elizabeth movida por la fuerza diabólica que le caracterizaba se ruborizó totalmente, metió a Andy en miedo, y el temor lo hizo dejar su historia sin concluir. Otra muchacha concluyó.

—Con mi familia no pasa lo mismo. —Dijo Joaquina limpiándose las uñas.

—¡Calla! No tienes porque hablar. —Interrumpió Andy. —Todavía no te ha tocado tu turno.

—Yo lo sé, Ogro, no me hables así.

El juego duró pasado las doce y media de la noche y Juan no tuvo oportunidad de contar alguna historia de las suyas. Tampoco hizo algún tipo de esfuerzo. La conversación quería tenerla a solas con Alina. Dieron las doce y cuarenta y acabó la fiesta. Pero Elizabeth anhelaba en lo recóndito de su corazón que la fiesta siguiera. Mientras Alina se dirigía persona por persona a darles las gracias. Martha saltaba y se paseaba ebria de un lado a otro en la sala diciendo.

—Yo estoy feliz de todas las cosas que he recibido de la vida.

Por un momento Alina se quedó observándola, pero sin decir palabra. Martha le devolvió la mirada, imperceptiblemente reconocía la intención. Elizabeth tampoco habló, solo tenía un cuerpo y una belleza que exhibir, no podía hablar del novio ni de la familia.

—Si es que encuentra un esposo te regalará por hogar una estepa. —Dijo Andy.

—¡Qué! —Preguntaron a coro.

—¿Una qué? —Preguntó Martha.

—¿De dónde te inventaste esa palabra? —Preguntó Elizabeth.

—Debo irme. —Dijo Andy sin responder a la pregunta.

—¿Por qué ahora? —Dijo absorta Joaquina.

—Tengo que prepararle algo a mis padres. —Mintió, quería salir del paso, levantó la mirada, pero solo hasta los hombros de la amiga.

—Si es así. —Se acercó Alina para despedirlos de nuevo. —No te quito más tiempo. No quiero fastidiarlos con preguntas. —Les acompañó a la puerta. Se despidieron con un efusivo abrazo. Martha resultó ser tan apática y tan fría que Alina contagiándola con un abrazo pudo darle ánimo. —Cuídate, y no me votes por tanto tiempo.

Alina se mantuvo contemplándola por largo rato. La forma ovalada de su espalda y lo fatal de su vestido, le hacían ver horroroso su cuerpo, se había quejado que nadie la había invitado a bailar, ya conoce la causa de sus males.

El teléfono residencial sonó y Alina misma se motivó a tomarlo. Era Marisol, su peluquera, disculpándose por no haber ido y a la vez le decía que quería conversar con ella, y a solas. Así que quedaron comprometidas a verse al día siguiente.

—Antes de ir al gimnasio, paso por allá, amiga. —Dijo Alina y cerró el teléfono.

Era la una y quince de la noche y la sala estaba totalmente vacía. Se habían marchado todos, menos Juan, estaba contento porque Alina le pidió que se quedara, empezaría a aplicar todo lo que había aprendido de su instructor, conquistaría a la mujer que más le gusta, pero en su casa. ¡Graso error! Lo había hecho con mujeres menos cotizadas, pero atractivas. De frente a Alina, chocaron sus miradas, quería devorarla. "¡Hey, así no chico, andas mal!" se dijo. Empezó a interrogarla con la mirada. Empezaron a tomar de nuevo alcohol entonces era ella quien quería comérselo con los ojos. No había tiempo suficiente para empezar una relación, debían conocerse mejor, pero el tiempo que estuvo inerte en el hospital, aquellas terribles horas de dolor, Juan estuvo presente, dándole animo a lo que quedaba de ella. Así empezó su atracción. Era suficiente el fuego y abundante el combustible.

☆☆☆

Juan modifica su personalidad

Al día siguiente.

—Busca siempre las partes de su cuerpo que más te atraigan. —Le aconsejó el instructor al aprendiz de seductor. —¿Quieres que vaya yo y te demuestre cómo se hace?

—Je, je, je. No es para tanto. Así lo haré señor.

—Nunca podrás si la miras a los ojos. Te recomiendo que primero visites a los lugares que ella nunca haya asistido para que ensayes con otras chicas antes de volver a verla. Y cuando tengas dominio de tu cuerpo, entonces sí.

Juan anduvo por media ciudad, de incognito, las autoridades andaban tras sus huellas. Pasó frente a Jet Set, Loft y otras tantas discotecas más, hasta que por fin se decidió entrar a una en donde creyó que Alina no podría estar. No tenía porque irse tan lejos, Alina no es discotequera, tal vez no ha ido a la primera discoteca en su vida.

Estacionó su Roll Roice y camino a la puerta. Dos hombres altos y fuertes le revisaron y luego le permitieron entrar. Juan caminó hasta la cantina y señaló el whisky de su preferencia. La música era estruendosa. Muchachas muy lindas y vestidas de colegialas, otras disfrazadas de gatas y cuantas cosas más, era un lugar donde se podía satisfacer todas las fantasías sexuales, todo estaba adornado para la ocasión, habían muchos hombres de dinero. El mozo lo ubicó en el lugar reservado para VIP. Juan se acomodó y empezó a darse algunos tragos. "Busca los labios carnosos" y en efecto, los primeros labios con los que se chocó querían devorarlo a besos. Juan miraba por la comisura de aquellos labios el delineador, maravillado. Impresionantes ojos lleno de rímel. Asqueado, volteó la mirada, se trataba de un afamado gay que trabaja para la televisión dominicana.

—¿Qué tomas? Señorito. —Preguntó el gay, acercándosele con un sonido de voz tan dulcificante como brisa mañanera. —Si se puede saber.

Juan no respondió, volteó la cara, no quería dirigirle la palabra; al ver que no se iba lo miró, y con una mirada fulminante le pidió que se fuera.

—Yo brindo. —Volvió a insistir el gay. —Porque tengo hambre y sed, sed de un hombre así como tú. Si me permite que lo bese, jamás volverás a estar con una mujer. Sería algo inolvidable para ti.

—Y si tú no te mueves pronto, con la boca de esta pistola te daré un beso tan grande... también será inolvidable para ti.

—¡Uf! ¡Qué agresivo eres! Muchacho.

No sabemos de dónde apareció la pistola, porque los hombres en la puerta lo habían requisado, eso era lo que parecía. El gay se retiró a toda prisa y les dijo a sus acompañantes.

—Muchachas, con ese no se puede hablar. Es muy agresivo.

Una joven muy hermosa, de grandes ojos y largas pestañas, traía en la bandeja de plata una jarra con hielo, tenía unas botas que le llegaban a las rodillas, sus muslos al descubierto, su pequeña falda la dejaba semidesnuda. Bajaba los escalones tongoneando sus anchas caderas, al agacharse a dejar el hielo, parecía un traga luz. Con sus delicados dedos acariciaba el cuello de su blusa a cuadros, típico de una colegiala, en el momento en que divisó a Juan, se le acercó. Y en ese mismo instante se escucharon fuertes estruendos, y ella sin mediar palabras se le lanzó arriba y empezó a besarlo. Aferrada a él, metía su cálida lengua en su boca, chupaba su cuello, nariz y labios, quería comérselo en pleno salón. Sin importar que estuviera en un sitio público y todo el mundo la estuviera viendo.

Irrumpieron en la discoteca hombres armados, encapuchados, mirando temerariamente a ambos lados del local. Juan seguía con su chica, despacito la tomó por la cintura y se la llevó a un oscuro rincón que había a su espalda. Allí no llegaban los reflejos de la luz fosforescente. Ella se le abalanzó hasta cubrirlo con su rubio y largo cabello. Corrieron la cortina. Ella permitió que le desabrochara la blusa.

El DJ apagó la música por presión de los encapuchados y cuando hubo completo silencio de en medio de ellos salió un hombre fuerte empujando con sus manazas y chocando a las personas como si se tratara de muñecos. Asi llegó hasta el sofá y tomó la botella de whisky The Macallan 64 años que se estaba tomando Juan y no dejó un sorbo, luego rompió la botella. Estaba enfurecido. Empezaron a escucharse ráfagas de tiros. Las botellas de los tramos caían al suelo, whisky de toda marca: Dalmore 64 trinitas, Pure Pot Still Whisky 25 años, The Macallan 1926, W&J Mutter's Bowmore (1850), The Dalmore

62, Dalmore Oculus, Glenavon Special Liqueur, Glenfiddich Rare Collection 1937 y Dalmore Selene.

El instinto de supervivencia en Juan produjo la mecánica sensación de que debía huir, tomó a la chica. Ya dentro del auto se alejaron hasta el malecón y ella dejó que le desabrochara sus pechos. Se ruborizó al ver su piel dorada al descubierto. Lamió sus senos y más abajo. Sacó de su boca algunos vellos púbicos. La barriga era suave, plana y blanca, le cogió con besarla. Más abajo estaba ardiente, al rojo vivo. Pero ella no permitió que la penetrara.

—¡Puede ser otro día! ¡Ahora no!

Al día siguiente fue por la chica y no la encontró, nadie sabía nada de ella.

—¿Usted dice que frecuenta este lugar? No creo conocerla.

Se fue entristecido y al tercer día volvió y la encontró.

—Llevo dos días buscándote.

—Me dieron esos días libres. —Dijo la muchacha moviendo su cabello rizado, de un rubio encantador.

—¿Te acuerdas de mí?

—¡Usted es el de el carro grande!, ¿cómo olvidarlo?

—¡Eres demasiado linda para estar en esto. —La abordó Juan poniendo énfasis a las palabras. —Arriesgas tu pellejo por alguien que no dará nada por ti. Estás nerviosa, esperas a alguien, lo sé, a un tal Pedro Moyano. Si supieras la cantidad de oficiales que han cancelado por su culpa, entre ellos coroneles y generales. Giselle se ruborizaba porque creía conocer la historia; Juan añadió. —No sé por qué te enredas con él. Pedro Moyano lleva ya dos años radicado en el país, es colombiano, es un hombre muy astuto, está acostumbrado a dar tumbes a los capos. Desmantela bandas de personas poco influyentes cuando el micro tráfico intenta hacer un cargamento descomunal y al primer intento, push, listo ese perro. No quiere que nadie se supere. Pero vamos a un lugar más seguro, tengo algo más que contarte.

Encendió el Jaguar, tomó la ruta a la Churchill, no quiso llevarla a su mansión por cuestión de seguridad y se desvió para los Ríos. Apenas llegó a la casa de Gaspar, su amigo los invitó a entrar y les indicó el sofá en la pequeña sala. Los dejó solos y se fue a prepararles dos copas del vodka nuvo.

—Giselle, tengo una pregunta para ti. ¿Por qué te metiste en esto?

—Necesitaba de alguien que me cuidara y me alimentara. Cuando salí de la casa de mis padres a penas tenía catorce años. —Respondió ella afligida, revoloteaba sus ojos y sus pómulos empezaron a encenderse de la timidez. —Estuve en uno de los mejores colegios, mi padre, a pesar de sus muchas pertenencias económicas que había heredado de sus padres, el vicio al juego y a las tabernas lo llevaron a la quiebra, ahora es jardinero de pacotilla. Y de esa enfermedad congénita tampoco me libré yo. —Se iba poniendo roja, al parecer contar estas cosas le avergonzaba y miraba por la rabiza del ojo para ver si Gaspar se acercaba. —Todos en mi familia somos así. En la escuela me querían mucho. Pero ya no estoy en la escuela. Usted parece bondadoso. Y al parecer tiene mucho dinero. Está no parece ser su casa. ¿Tiene esposa? De seguro es celosa, no digo yo. Acerté verdad.

—No.

Le pareció a Juan un invento lo que decía, merecía el mayor de los desméritos. Ella continuó.

—Mi madre se casó a mi misma edad. Se fue porque según ella, no le gustaba el internado, pero hasta donde tengo entendido, no fue por eso, —Inquirió Giselle y bajó la cabeza y se quedó cabizbaja por mucho tiempo, la inmensa cabellera dorada rosaba sus descolgados hombros. En bucles caían sobre su hundido pecho. Volvió a levantar la cabeza, seguía con la mirada huidiza. —Nunca se lo contó a nadie. Pero yo conozco el motivo real. —Se dio dos sorbos seguido del vodka. Miró a Juan de una manera interrogadora, y luego expresó. —Mi pobre madre le contaba a la gente otra cosa. —Dijo recogiendo su larga cabellera y acomodándose la correa que le partía en dos la barriga, poniéndose de frente. Ondularon sus exóticos senos. Juan no pudo evitar mirarla. Ella se sorprendió, porque sin darse cuenta se había puesto en una posición seductora. —Supuestamente, no sentía esa especie de llamado y que ahora se arrepiente porque eso que hizo cuando muchacha no era lo debido.

—No debes culparla ni guardar rencor por eso.

—No la culpo. —Dijo al mismo tiempo que se acomodaba la blusa, dejó sus hombros al descubierto. Lo tenía que hacer para que se abultaran sus senos. —Mi madre, desde antes de los dieciocho años ya trabajaba, no sé si su infancia fue feliz o no, pero conseguía dinero para comprar sus cosas. Y luego que yo nací y me hice grande, me invitaba con frecuencia al cine y ella pagaba. Parecía una madre encantadora, me contaba sus sueños y sus cosas, porque conocía los títulos de todas las películas y nombres y apellidos de los protagonistas, pero nunca me pudo dar lo que yo quería. Yo tenía sed de Dios. Pero mi madre tanto tenía sed de Dios como sed de hombre, andaba como la mujer samaritana y encontró a mi padre como buen maestro y le aumentó la sed.

Juan le tomó la mano y empezó a acariciarla.

—Cuanto me gustaría decirte que te quedes conmigo hasta que quieras.

Se le olvidó decir: siempre que quiera mantenerse de amante.

—Yo también me quisiera quedar. Puedo decir que nunca me he sentido tan cerca de Dios como en éste día. —Dijo Giselle con espontaneidad, mientras se daba un trago del vodka, las uñas de color rubí daban mayor viveza al licor y a la elegante botella. —Ni he tenido el privilegio que tuvo mi madre que ha recibido becas y todo tipo de ayuda, a los veintiuno años pudo haberse hecho profesional y a los veintidós pudo haberse casado con quien quisiera. Se olvidó del llamado de Dios y de todo por escuchar a mi padre. Vivieron la vida como les pareció, como si les diera igual lo que piense la gente. Ahora quieren que les hagan caso. No son lo que quisieron ser y la gente piensa de ellos lo peor.

Hubo un silencio. Después de varios tragos de vodka, ella continuó.

—Viven ahora reclamándole a la gente y lo poco que reciben de ellos.

—Ya es tarde y debemos irnos, pero creo que con todo y todo. —Dijo Juan sin inhibirse en repetirse dos tragos más, hasta dejar el fondo vacío. Su hermoso brazalete le sonaba en cada movimiento, tanto al subir como al bajar la copa. —debes ayudar a tu madre, pero hazlo de corazón. —La miró fijamente a los ojos, añadió. —Si dices ser amigo de alguien debes serlo. Aunque te duela.

La muchacha asentía con la cabeza. El alcohol les hacían trabar sus lenguas y ya las palabras les salían ininteligibles. Gaspar salió del rincón en el que estaba escondido, asintió varias veces con la cabeza. Y añadió.

—A todos nos pasa por igual, a unos nos fortifica, aunque a otros les enferma. Yo tuve una discusión con un cuñado hace tiempo, tuve que darle unos golpes, y a la verdad, no fue buena la experiencia, ni se lo deseo a mi mayor enemigo. Le gustaba golpear a las mujeres. Son de estos machistas que le gustan usar a las mujeres como trapos de cocina, pero con mi hermana, no.

—¿Y no se volvieron a juntar? —Preguntó ella con mueca inocentona, girando sus delicados labios para un lado.

—Si por mí fuera…, pero ya no la golpea más, todo se ha quedado ahí. Es el padre de mis sobrinos queridos. Presume de galán…, pero aprendió a ser buen padre y mejor esposo. Es mi cuñado del alma.

La noche se tornó agradable y la temperatura seguía siendo amena, pero Juan debía regresar a su casa. Y dejarla a ella en… ¿ah?, ¿eh?

—A mi casa no puedo volver. Tampoco al negocio. Ya el bárbaro de Pedro de seguro sabe que ando contigo, podría matarte.

Se podría asegurar en una palabra que ella le iba a conceder a Juan los mismos favores que le concedía a Pedro Moyano, sin que esto afecte su reputación, también puede que genere conflicto.

—Lléveme a otro lugar, si puede, yo le indicaré.

—Ya sé dónde puedo llevarte.

☆☆☆

Juan descubre la emoción de ser joven rico

Salieron en el Jaguar. Llegaron a un hermoso condominio, la brisa que corría por el balcón movía las cortinas, invadía la sala espaciosa, la vegetación era abundante, árboles centenarios. Juan fue al bar de caoba, hermosamente decorado y sacó una botella de whisky escocés. Y lo repartió en dos inmensas copas. Estuvieron tomando por mucho tiempo, ya los ojos y la respiración se les hacía densa.

La música era suave y romántica y el perfume Amor Amor de Cacharel se hacía exquisito en su cuello. Juan controlaba las luces y el volumen del radio. Y se puso más cómodo quitándose los zapatos e invitando que se quitara los de ella. Giselle le insinuó que se los quitara. Con delicadeza y modalidad incomparable los fue quitando.

El teléfono de Juan sonaba y sonaba. Sonó varias veces y por último Juan decidió apagarlo. Lo encendió al cabo de dos horas. Tenía las manos ocupadas en las pantorrillas de Giselle, sin detenerse un instante. Pero a medida que avanzaba la noche sonó mucho más.

A las seis de la mañana, Juan se vio obligado a cogerlo.

—Apagaste el teléfono. ¿Es mejor así? —Dijo Alina del otro lado del auricular con voz muy irritada. —En donde estas no creo que puedas hablar.

—Claro que puedo. —Respondió Juan mareado del alcohol.

Pesadas se hacían las bromas, en el matrimonio se harían aún más. Juan estaba acostumbrado a eso, en vez de ofenderse, reía.

Cuando cerró el celular, despertó a Giselle y la hizo salir del apartamento. Sobresaltada, no sabía en donde estaba, tampoco en que se liaba. Juan seguía muerto de la resaca, pero debía salir y disculparse con Alina. Mandó a Giselle en un taxi.

Media hora más tarde Juan en la esquina de la Sarasota compró el periódico, no le interesaba leerlo. Sacó la parte de adentro y la otra la lanzó al zafacón. Empezó a masticar los clasificados. Debía quitarse el olor a alcohol de la boca. El titular hablaba de la muerte de un coronel del ejército saliendo de su casa. Era un año en que varios oficiales superiores habían sido interceptados, gran parte frente a su familia. Los que se resistían a darle informaciones a los narcotraficantes. Todo aquel que oponga resistencia corre igual peligro y quien lo denuncie, junto a su familia correrá peor suerte.

Ya frente a la casa de Alina.

—¿Cómo estas, cariño?

—Ah, ¿con qué casi no tomas?

—En un tiempo no podía tomar. El médico me lo prohibió y lo apropiado era decirte que no tomo, no quiero preocuparte...

—¿Preocuparme? Pudiste habérmelo dicho, ante todo la verdad.

—Vamos al patio, te explicaré. —Dijo Juan oliendo en las manos de Alina su Fantasy de Britney Spears.

Caminaron al banco de hierro, ya las hojas de los arboles empezaban a caer. El aguacero la habían tumbado casi todas.

—Hay algo que tengo que preguntarte con relación a tu madre.

—Ella también tiene algo que agradecerte y comentarte.

—¿En serio? ¡Comentarme! ¿Qué cosa si se puede saber?

Ante la presencia de alguien, Alina añadió.

—¡Ahí viene mi madre, ella misma te lo dirá!

La señora Rodríguez tenía puesta la misma ropa que el día del frustrado atraco y su CK One de Calvin Klein. Juan quedó observándola, más absorto, estando de frente mostraba mucho más nerviosismo que ella.

—Veo que son buenos amigos. —Dijo la comunicadora. —Me imagino, ahora que sabes qué hiciste algo loable por mí. ¿Están enamorados, verdad? Eso está a la vista.

Juan se ruborizó, cruzó las piernas, no sabía qué hacer, hasta que se le ocurrió preguntar.

—Lo que hice no valió la pena, señora. —Descruzó las piernas, puso las manos sobre ellas, seguía con su nerviosismo.

—Explíquese mejor.

—Usted se olvidó de recoger el dinero del cajero.

—Mami, no me dijiste eso. —Interrumpió absorta Alina.

—No sé en que estaba pensando. —Susurró la madre.

—Yo también me ofusqué, y...

—Tranquilo, yo los conseguí. —Interrumpió la comunicadora.

Hubo un silencio, los jóvenes estaban alegres y embelesados, ambos con la boca abierta.

—Cuando iba llegando a la Abrahán Lincoln, me dieron deseos de detenerme y comprar el periódico y me acordé del dinero. Me devolví con el corazón en las manos. —La señora reforzaba su argumento golpeándose el pecho. —Por suerte encontré una parte en el cajero y la otra en el suelo. Ni un peso más ni uno menos.

En ese momento la muchacha de servicio se venía acercando con prisa, y dijo.

—Señora, señora. —Con el teléfono inalámbrico en la mano. —Disculpe, la llaman de su trabajo.

La Señora tomó el teléfono y antes de abandonar la terraza dijo.

—Me van a disculpar. —Y se marchó atendiendo la llamada.

Gaspar en ese instante también venía llegando, fue a recoger a Juan para que lo saque de apuros. Juan caminó a su encuentro.

—Mi esposa no cree lo de anoche. —Lo abordó sofocado y tomándolo por la mano. —Por la muchacha que llevaste a casa.

—Habla despacio, hombre, te pueden oír.

Se montaron al auto rumbo a los Ríos. El Mercedes Benz se detuvo frente a la casa de Gaspar. Juan salió y dejó a su compañero dentro. La esposa estaba en el patio tendiendo unas sabanas blancas.

—¡Como esta señora Eduviges!

—Yo, viva nada más, no se puede confiar en nadie. Vivía tan segura de mi esposo que me podía acostar con los ojos cerrados. Creía que en lo que estamos viviendo juntos nunca había tenido relación con mujer alguna. Los catorce años de casada me habían hecho ver que fui una tonta y que las cosas no eran como yo pensaba, porque sé que todos los hombres tratan a las mujeres como simple objeto. Yo no soy la excepción. Las cosas bellas que vivimos, todo lo que cree en mi mente, ¡se fue al carajo! Me creía ser para él la persona más importante del mundo y él para mí.

—Todavía lo eres doña Eduviges.

Gaspar intentó salir del auto pero la mirada fulminante de la mujer lo hizo devolver.

—La culpa la tiene esa amiga que usted trajo. No soy una tonta. Así mismo me presenté a Gaspar antes de ser mi esposo. Cuando apenas ingresaba yo a la escuela de noche. Él me llevaba dos cursos, estaba más adelantada en la escuela. Me lo presentó una amiga y la estima que le tenemos es grande. Nos eligió como madrina de sus niños. Ella ahora vive en Dallas, Texas. No pudo concluir sus estudios, porque se casó con un chico que no dio ningún resultado, después de dos hijos, se separaron y tuvo que inmigrar a la zona hotelera de Bávaro, trabajando duro para mantener a sus dos niños, cuando de pronto encontró a una persona que le cambió su vida, Michael, es su actual esposo, en las navidades nos envía bellas postales y fotos de su familia. A mí me interesaba encontrar un hombre responsable y encantador, a primera vista, mi esposo no parecía ser nada de eso, era muy sobresalido y charlatán, y así de tan loco que era, estaba loco por mí. No disimulaba para demostrar lo que sentía por mí, cuando estaba cansado me lo hacía saber y cuando está feliz también, alguien que se pasa gran parte de su vida feliz y me hacía feliz todo el tiempo. Los fines de semana me traía un regalito de donde estuviera, ropas íntimas. —Ella extendió sus inmensos brazos sobre el cordel. —No había nada que no me trajera, hace un mes me trajo una tortuguita, era tan tierna y delgada que me hizo llorar, no es que sea llorona, pero estas cosas me ponen triste de momento. —Eduviges aun seguía histérica, nerviosa, meneaba sus manos, largas, negras y arrugadas, y se agarraba el pisa pelos en la punta de sus cabellos, y se hacía nudillos. —A veces quiero que se vaya lejos para descansar de él, pero al momento no soporto estar sola y tengo que buscarlo. ¿Qué cosas eh? Señor Almonte.

—Yo también estoy a punto de llorar.

—No seas…, hombre. ¡Vamos adentro! Te prepararé un café.

Caminaron a la casa, la señora iba muy contenta. Miraba para atrás esperando a que Gaspar se pusiera a la par con ellos, añadió.

—Pero dígame una cosa, Señor, ¿No ha pensado tener hijos? ¿A quién le dejará toda su fortuna? ¿Seguirá manteniendo los hospicios? Esa gente no agradece.

Juan se quedó pensativo.

☆☆☆

Juan empieza a interesarse por las estrategias de su enemigo

Minutos más tarde.

—Le voy a montar la pura, señor. —Dijo Gaspar a su patrón. —Debemos acabar con Pedro Moyano, ese hombre si jode; ha entrado billetes falsos, se dice que son más de tres millones de dólares y está siendo perseguido por el nuevo jefe de la policía. Debemos explotarlo, todo será como un juego de niños para nosotros. —Hizo silencio y volvió a hablar. —Su idea de irlo a buscar a un noveno piso no me convence. No tengo valor para deslizarme de esa altura. Y disculpe que le contradiga.

—En eso mismo estaba yo pensando, Gaspar.

—Qué tal si no vamos a ninguna parte, y que ellos vengan tras nosotros. Es detrás de Usted que anda y nos está metiendo en demasiado lio.

—No tengas miedo, Gaspar. Debes juntarte con algunos de los muchachos y les dirás lo que te voy a decir. Vamos a hacerle una emboscada.

—¡Bravo! Control de droga también anda detrás de Usted.

—También tengo otro plan para ellos. Tengo un hermoso plan para despistarlos. Ya lo verás amigo mío.

Acabando de decir esto, interrumpió Gaspar.

—Esto hay que celebrarlo, patrón.

Y fue por una botella de whisky.

—Debo convocar a todos los gerentes de mis empresas para que cotejemos las cuentas en otro lugar.

—¿Y qué lugar será ese? —Gaspar se alegró.

—Aun no lo sé, pero deben tener todo preparado. Les avisaré una hora antes para juntarnos. En cambio tú, esperarás mi llanada en el gimnasio. Necesito que te quedes con algunos hombres allí. Haremos creer que seguimos con las transacciones en el antiguo lugar.

Una sonrisa de logro se dibujó en ambos labios, como si ya todo estuviera resuelto.

—Me imagino yo, —dijo Gaspar. —la cara de rabia que van a poner cuando descubran que lo hemos hecho perder su tiempo.

Gaspar reía de oreja a oreja, se podía escuchar a lo lejos sus carcajadas.

Apareció Eduviges exaltada con lavazas en las manos. Y dijo.

—Pero, hombre. ¿Qué te sucede?

—Vete de ahí vieja, estas son cosas de hombre.

—Cuando eso haya pasado. —Dijo con parsimonia Juan.
—Vienes a socorrerme a donde yo te indicaré.

—¿Y donde es eso?

—Aun no lo sé, pero para mañana al medio día ya lo sabrás.

En la dirección nacional de control de drogas, frente al despacho del comandante del escuadrón de allanamiento, la teniente Suazo, áspera, alta y pelirroja, abría la puerta de cristal y con pasos marciales llegaba hasta el escritorio de metal, le hacia el saludo correspondiente al Coronel Cid, de descendencia árabe. Le entregaba en sus manos con pleitesía un sobre y el coronel devolviendo el saludo, los juntaba con otro material encima del escritorio, sacó otros del archivo. Y cando volteo dijo.

—Puede sentarse, oficial.

La teniente pelirroja se acoró en un pequeño sillón en la esquina, mientras veía al Coronel llamar por una lista a algunos oficiales. A medida que iban subiendo daban el saludo correspondiente, escuchaban y se retiraban con pleitesía.

—No debemos fallar. Es algo arriesgado, pero… —dijo a cada uno el Coronel. —de esto dependerá su ascenso.

Nadie preguntaba ni añadía nada. Se limitaban solo a escuchar, algunos miraban de reojo hacia la lista y en la parte superior de la hoja, debajo del sello timbrado de la institución: disciplina y orden, algo así se podía leer de un pronto. "Acatar".

Querían aplacar el microtráfico, publicaban muchos allanamientos y en los titulares hablaban de Juan Almonte, de las joyas y prenda que acababa de comprar en las subastas, de las villas y los apartamentos de lujo.

La pelirroja carraspeaba y hasta no salir el último militar, se puso en pie.

☆☆☆

Se planea un posible secuestro

A la seis de la mañana del viernes 9 y hasta las siete y media estuvo siendo acosada por miembros de control de drogas la casa de la señora María Rodríguez junto a su hija. No era un cateo, se pretendía lo peor con ellas.

—¿Que está sucediendo aquí?

—Silencio, señora, estamos requisando. Mantenga su boca callada por favor. —La pelirroja estaba al frente del escuadrón.

Removieron cielo y tierra.

—¿Por qué es tan dura con las damas? Usted es una dama.

—No soy una dama señora, soy una oficial y estoy haciendo mi trabajo.

El coronel seguía frente a ellos con unos lentes oscuros.

—Anímense y sigan trabajando. —Dijo el coronel Cid. Una llamada de su superior lo hizo bajar la guardia. Movía sus largos dedos, al no conseguir lo que andaba buscando. Añadió. —Métanlas al camión.

El escuadrón de hombres acató la orden y a la fuerza introdujeron a las dos mujeres como si se tratara de delincuentes comunes, siempre cuidando que no se golpearan la cabeza. La comunicadora estaba irritada. No le permitieron hacer llamada. Alina lloraba.

Se había caído los credenciales de la comunicadora y un subalterno los recogió y se lo hizo llegar al Coronel. Quien los observó y se los echó al bolsillo.

Dentro del camión blindado madre e hijas hablaban. El día era muy caluroso y allí dentro se hacía más insoportable.

—¡Mami! ¿A dónde nos llevan?

—¿Cómo puedo saberlo, hija? —Un poco irritada. Luego, gradualmente iba cambiando el tono de voz, y acariciándole el pelo, tratando de consolarla, añadió. —A donde nos lleven, tendrán que soltarnos.

Llegaron al recinto y a toda prisa entró el camión, más atrás los otros vehículos haciendo gran aparataje. Fue tan notable todo aquello que el mismo General Pérez en persona fue a su encuentro.

—¿Pero qué han hecho? —Exclamó. —Es que no conocen a ésta ejemplar comunicadora. Se han vuelto locos. —

Se le oía decir, estaba muy irritado, moviéndose de un lado para el otro.

Del pelotón salieron dos rasos y entraron al camión y con delicadeza sacaron a las mujeres con reverencia como si se tratara de un cortejo nupcial.

—Ha sido un error de nuestra parte, Señora; pero las cosas no se van a quedar así.

—Yo sé que no se van a quedar así. —Rió con maledicencia. —Quiero mi teléfono. —Parecía ser una orden.

Alina se mantenía callada.

—Devuélvanle su celular. Y todas sus pertenencias. Traigan mi auto. —Dijo mostrándose condescendiente el General. —Yo mismo las llevaré.

—Descuide, nos iremos en taxi. Pero esto no se va a quedar así.

La señora recogió los teléfonos y sus credenciales de mala gana. Afuera ya estaba un taxi esperándola. María animó a su hija para que salieran. Ambas bajaron la explanada cuando una voz a sus espaldas le dijo.

—Ah, y una cosa, señora Rodríguez. —El general en señal de alto levantó su mano derecha. Una sonrisa maledicente le iba aumentando por la comisura de los labios cuando añadió. —Les recomiendo que se mantengan lejos de Ariel Sánchez, aquel que se les hace pasar por el bondadoso de Juan Almonte. Casi está en nuestras manos.

El general ya tenía todos los datos de Juan, sabía que contaba un carnet del DNI y era asimilado del ejército, ostentaba el rango de capitán y un supuesto romance con la hija de un Juez. Pero no sabía que era asesorado de todos los operativos en su contra. Que tenía un acta de nacimiento falsificada con que cambiarse el nombre y contaba con dos actas más por si se le ofrecía otra situación. Tras las pesquisas en la casa de la comunicadora sale algo a colación, los amores de Juan y Alina, algo sumamente revelador. Y muy comprometedor.

Las mujeres continuaron como si no les importara nada. Seguían igual de irritadas cuando salieron a la calle, Alina estaba muerta de la vergüenza y caminaba con la cabeza hacia abajo, era la primera vez que visitaba a un recinto carcelario y está vez sin motivo aparente. Antes de montarse al taxi miró para todos los lados. La madre seguía afuera pero con la puerta abierta, hablaba con algunos reporteros que llegaron, había una cámara de tomar video y varias de fotografía. Muchos le llamaran suerte a esto. La noticia conmovería a medio mundo, las autoridades escatimarían el atrevimiento que le habían hecho a estos dos encantos. Pero Alina no permitió que llegaran a su encuentro, y por más que se lo pidió su madre, tampoco se dejó tomar fotos.

Esa misma noche, Juan convenció a Alina de que la llamada al coronel impidió que el allanamiento no se convirtiera en un secuestro.

—¿Un secuestro? Madre mía.

Juan siguió explicándole, luego le pidió que fueran a ver su nuevo apartamento.

—¿Aquí es que traes a todas tus pretendientes?

Juan no respondió ni se dejó intimidar. Pero temía que la rubia de la noche anterior pudiera haber dejado algo que lo fuera a delatar.

—Este cojín huele a perfume de mujer.

—¡Puede ser de la mujer que limpia!

—¡Por Dios, amor! Con qué dinero se va a comprar un perfume así. Invéntate otra, cariño.

Pensó decir que le había prestado el apartamento a un amigo, pero se tragó las palabras porque sabía que no se lo iba a creer.

—¿A Gaspar? Eh, ¿qué estás maquinado? Vas a decir que estas son cosas de Gaspar y de su mujer. Méteme un dedo aquí en la boca.

—Eres Ariel Sánchez y te haces pasar por Juan Almonte, explícame eso, negro.

—Eso es muy fácil: el apellido de mi madre, Almonte, y el de mi padre Sánchez. En mi primera acta de nacimiento, decía Ariel Sánchez Almonte. Cuando fui a los Estados Unidos debía usar solo Sánchez, para nada servía Almonte. Como me acusaron de cosas que no cometí, pagué cien mil pesos para cambiarme el nombre de Ariel por el de Juan, que era mi apodo y a la vez quitarme Sánchez.

—Un apodo, pero que tiene que ver Juan con Ariel.

—Mi madre me puso ese apodo para que nadie supiera mi verdadero nombre y no me hicieran mal de ojo.

—¿Mal de qué?

—Je, je, je.

—¡Olvídalo! Hablemos de otra cosa.

—¿Cómo ves el apartamento? Mira por aquí y observa.

Cuando llegaron al balcón se le acercó de repente y ella sintió su calor y con labios temblorosos dejó que la besara en la boca. Y por el cuello, y empezó a besarla por donde nacen los bellos en la nuca, detrás de la oreja, con hambre de hacer el amor. Alina deliraba, quería soltarse, pero la apretaba con fuerzas. Ella tenía los ojos entreabiertos pero no dejaba de mirarlo, sintiéndose desfallecer. Oprimiendo la cabeza contra su nuca. Juan intenta meter la oreja en su boca, con mucha sed de ella. Pasaron los minutos. Siguieron juagando hasta que llegaron al cuarto y se dejaron caer a la cama. Dando vueltas y riendo. Juan empezó a desabrocharle el pantalón y lo bajó hasta media rodillas, amasaba sus nalgas, también las saboreaba, sus blancas y ricas nalgas. Ella empezó a besarlo con locura, parecía sedienta de aquellos besos, lo tomaba por la cabeza y lo levantaba. Juan continuaba apretándole las nalgas y a un mismo tiempo iba subiendo, lamía sus labios y se tragaba su legua entera. La boca de Alina lo bañaba de pasión. En el cuello de Alina, acariciaba su pelo lacio y lo amasaba. Se sofocó tratando de romper el sostén, no se contuvo. Pero ella misma empezó a quitárselo con facilidad.

—No sé para qué inventaron esto. Tú no lo necesitas, mi amor.

Volvía a besarla y a deslizar sus labios por su pecho, manosea sus redondos senos, intenta meter aquellos senos suaves y delicados en su boca, lo intentó de nuevo. Ella empezaba a gemir. Él continúa chupando sus macizos pezones. Ella grita, no podía contener el grito. Juan sonríe porque cree arrancarle un orgasmo.

Afuera estaba preciosa la luna, los rayos plateados que traspasaban el cristal de la ventana le daba un color maravilloso al cuarto, magistral, y variopintos colores al cuerpo de ese encanto femenino.

Juan fue por unas velas aromáticas y las encendió en cada esquina del cuarto. Ella estaba de espalda, así que le acarició el cuello y luego la espalda por el carril de la columna vertebral, se erizaba, ella en uno de sus impulsos agarró una de sus manos y la llevó a sus nalgas.

—Me gusta que me las sobes y me las apriete. —Su voz era dulce y angelical.

Juan le hablaba con dulzura y pasión a los oídos. Le excitaba susurrarle, era fascinante. Le daba algunas mordiditas en la punta de las nalgas.

—Eso me gusta amor, sí, cuanto me gusta. Sigue, papi.

Alina gritaba, se encogía, se mordía los labios. Estaba sudando por completo, aunque el aire acondicionado estaba encendido al máximo.

Juan metió la mano derecha entre las piernas de Alina. Palpó algo pegajoso. Secó los labios genitales con la punta de la sabana e introdujo el dedo índice, acariciando el punto G. Alina se retorcía de emoción.

—Uf, ¿quieres acabar conmigo, amor?

—Y eso no es nada, cariño.

Juan fue deslizando sus delgados labios por todo el cuerpo de Alina y llegó a su vulva, metió la cabeza entre sus piernas, la mordisqueaba, amasaba la inmensa vulva. Y con la punta de la lengua empezó a lamer, a acariciar su clítoris.

Ya era preciso penetrarla. Ella sintió que algo carnoso y cálido iba rompiéndose camino entre sus labios genitales.

—Wou, uf. —Abrió la boca buscando respiración. — ¡Qué rico, mi amor! ¡Ah! Mmmmmm.

Juan la penetró con todas sus ganas, una y otra vez, suaves movimientos, un pene robusto salía y entraba. Sentía inmensa alegría, les arrancaba gritos, gemidos.

Al cabo de un reato le pidió con énfasis.

—No puedes eyacular ahora, papi.

Una sensación fuerte, calambres en la cabeza y la nuca, síntomas de descarga eléctrica. Entregados a sus ardores, suspiraban, desfallecían

—¡No lo saques! ¡Ah!

Hubo un rotundo silencio.
—Me has hecho sentir la mujer más feliz del mundo, mi amor.

Y abrazados se quedaron dormidos hasta que la luz del sol los despertó.

—Estoy tarde. —Dijo Alina saltando de la cama, se veía tímida, sensual y más delgada. —Tengo una entrevista en Cristino Sushi.

Juan despertó sobresaltado, volvió a soñar con su difunto amigo, Estanislao; pero esta vez pudo llegar al final del sueño. Veía como una nube negra andaba detrás de él y su viejo amigo estaba allí para ayudarlo, y al sacarlo de apuros despertó.

Estaba lloviendo, el denso aguacero fue aumentando minuto a minuto. Las gomas de los autos lanzaban ráfagas de agua a las aceras, las lámparas estaban encendidas y hacían desaparecer la espesa neblina.

Juan recibe una llamada urgente, que salir y verse con unos amigos del gobierno que tiene que recompensar con mucho dinero, pueden traicionarlo, por eso debe comprarlos a mejor precio, y hacerles tentadoras propuestas.

Esa tarde en el gimnasio.

—¡Muévanse! Y que no quede un rincón por requisar. —Dijo el mayor Núñez, quien estaba al mando de la unidad canina, se apresuró a darle la orden a su escuadrón.

—¡Coronel! —Dijo desconcertada la teniente pelirroja. —Nos han burlado.

El allanamiento se materializaba, pero las cosas salieron como Juan lo había planificado. Algunos hombres en el gimnasio estaban siendo requisados, pero no encontraron nada que lo pudieran comprometer. Digno de celebrar, desagradable situación para los militares.

Gaspar y sus hombres estaban en un rincón, acorralados.

La rabia invadía al Coronel y no podía articular palabra. Sus ojos se llenaron de cólera, su garganta empezó a resecarse, le ardían los ojos y el gollete, estaba a punto de llorar, pero debía contener las lágrimas.

—¿Cómo puede ser posible? —Dijo el coronel Cid cuando pudo hablar. —Tampoco hoy ha funcionado. —Entrecortadas le salían las palabras. — ¿Cómo pudimos fallar.

Pronto los militares harían su retirada y Gaspar llamaría a Juan para pedirle su ubicación. El plan había salido hasta el momento bien y no salió todo a la perfección por la intromisión de la pelirroja que dijo.

—¡Vamos a presionarlos! —Clavando sus intrigantes ojos sobre el rostro de Gaspar. —Si no saben dónde se encuentra Ariel, vendrá a saber de ellos.

—Apremiante idea. —Dijo el mayor Núñez.

El Coronel, más sereno, se acercó a Gaspar con pasos tranquilos, propio de un oficial capacitado. Dando vueltas a su alrededor.

—Le pido que me diga, ¿en dónde está Ariel Sánchez?

La pelirroja lo observaba, con las mejillas sonrosadas, tenía el carácter agrio de quien tiene ansiedad por golpear.

—Responda por su bien a la pregunta.

—No sé de quién me habla, señora.

Y en esa polémica duraron más de media hora.

☆☆☆

La presencia inusual de un viejo amigo

En el apartamento de lujo, Juan Almonte ya había despedido a sus socios y cotejaba en su agenda las grandes cifras con relación al dinero que se había ganado en las últimas negociaciones, multiplicando su inmensa fortuna, pero desesperado miraba su celular intentaba comunicarse y esperando la llamada de Gaspar. Caminando de un lado para otro en la terraza. Desde el tejado, uno de sus hombres vio salir de sus autos a un grupo de hombres bien armados.

—Señor, ya vienen. —Dijo muy convencido y alegre, pero al ver la desesperación y los golpes que daban a las puertas de sus autos, volvió a observar con su binocular y tuvo una sensación bastante desagradable. —Señor, no son los de nosotros, son muchos y vienen bien armados.

Los hombres de Juan estaban preparados para pelear por tres, pero tocaba a cinco por uno.

Juan se acercó al centinela y le quitó los binoculares, y observó hacia el tumulto. Mayor sorpresa se llevó.

—Es Pedro Moyano y viene con Giselle. —Aunque Pedro no era dominicano actuaba como si lo fuera.

Por los escalones iba subiendo el mar de hombres bien armados. Pedro al frente y traía a Giselle a la fuerza. Era la que iba a enseñarles en donde vivía Juan. Traía el cañón del arma apuntándole la cabeza. No se podía equivocar. Y desde el segundo piso empezó la balacera. Hombres de ambos lados iban cayendo. Giselle también resultó herida. A los dos minutos eran altas las bajas. Juan tuvo que sacar su arma y meterse en el tiroteo hasta hacer el grupo de Pedro retroceder. Y bajaron a la calle. El centinela que era un franco tirador, los iba matando por manadas.

—Volvamos adentro. —Dijo Pedro.

—No nos dejemos meter miedo por éste hijo de puta, Jefe.

Y el tiroteo se encendió con mucho más fuerza. Era de vida o muerte. El condominio antes tranquilo, era un infierno.

Pedro subía ensangrentado, saltando entre los cadáveres. Arriba quedaba solo Juan y contaba con el franco tirador, pero no sabía que al franco tirador ya lo habían tumbado.

En el otro bando solo quedaban tres hombres ilesos y dos mal heridos. Y al primero que asomó la cabeza a la puerta, Juan le pegó un tiro en medio de los ojos. Y retrocedió a la terraza. Moyano y un capitán retirado entraron dando piruetas y fueron tras él, ignoraban que Juan tuviera bala, quien a tan solo quince metros de ellos, con soga en mano, hacía un nudo para bajar. Se fue deslizando lentamente, mirando siempre para arriba. Un disparo le atravesó el hombre. Corrió peligro de caer al suelo, sangraba copiosamente.

—¿Cómo pude fallar? —Gritó Pedro. —No me puedo permitir fallar.

Y mientras Moyano apuntaba a la cabeza de Juan se escuchó otro disparo. No fue para Juan, estaba bien vivo. Tampoco del arma de Pedro salió la explosión. Pedro abrió grandemente los ojos, iba perdiendo fuerzas y cayó del bacón. Con tanta velocidad como si hubiera sido arrojado por alguien. Juan, medio desfallecido, tuvo que moverse rápidamente, estuvo a punto de ser arrollado por el cuerpo moribundo que caía.

Y desgraciadamente lo vio estallarse en el suelo.

—¡Venga esa mano, campeón!

Juan estaba desangrándose y sin poder deslizarse en la soga, de una forma extraordinaria el nudo se había atrabancado; como si lo hubieran hecho a propósito, también la soga estaba a su favor.

La mano áspera y maliciosa propia del hombre táctico, el excapitán Guerrero, un enemigo en extremo le había salvado la vida, se lo imaginaba preso, lo conoció en una discoteca por vía de unos amigos, dejó de trabajar a sueldo con la policía para trabajar con Juan, luego pasó al bando de Pedro; pero tuvo que dejarlo para volver a trabajar a sueldo con la policía, hasta que le acusaron días pasados de cómplice de una banda y de la muerte de un coronel. Salió de la cárcel por influencia política y le exigieron trabajar con Pedro Moyano. Y al parecer, sin motivos aparente le da un tiro en la cabeza, lo traiciona.

Juan seguía colgando de la soga, no tenía intención de subir, le crecía la desconfianza, tampoco tenía en donde apoyarse. Cuando Guerrero le tomó de la mano, con gran impulso lo atrajo hasta la barandilla, en el rostro del Capital había una sonrisa diabólica, además de la mueca ordinaria por la incómoda posición en que estaba recostado a la baranda. Con precaución, ambos se iban asegurando que todo saliera bien. Juan subió y se desamarró la soga y la dejó en la mampostería con rapidez. Sin quitar los ojos del capitán.

—Siento pasos. —Dijo Juan.

Abajo se escucharon personas sofocadas subiendo.

—¡De prisa, señor! —Se escuchó una voz dulce de mujer, Juan en seguida la reconoció, y con aire más calmado, añadió. —Gaspar, necesita nuestra ayuda.

—Es Alina.

Juan aprovechó el momento en que el capitán estaba distraído mirando hacia la puerta en espera de la mujer que subía, se oyeron dos disparos abajo. La tensión crecía arriba. Alina y Gaspar entraron corriendo al apartamento y contentos sonreían. Juan, con una alegría impresionante intentó acercarse, pero olvidaba que estaba mal herido. Buscó el crucifijo que le había regalo Rudy se lo aprisionó en cruz sobre la herida. El capitán lo tomó del brazo y dejó que se apoyara en su hombro. No era el momento para desconfiar, porque pudiera resultar que el más cercano estuviera tramando una traición.

—¡Dame un arma! Señor Guerrero.

—Esta es la única que tengo, Señor.

—¡Dame esa, y procura recoger a Giselle y llevarla al hospital, deposítala en un sitio seguro!

—Ju...Ju... Juan. —Dijo Alina abalanzándosele encima con honda tristeza y a la vez, besó a su amante, sin quitar la mira de los ojos. Gaspar, pasmado se quedó mirando todo aquello. No lo podía creer. Luego dijo.

—Quería venir temprano, pero no sabía llegar. —A modo de disculpas. —Envié a los muchachos por diferentes sitios. Yo fui por Alina para que me trajera. —Y cuando ya hubo recobrado el aliento, añadió. —¡Esa maldita gente nos la va a pagar! Me quite las ganas con dos que quedaban vivo allá abajo, a mi me pone en zozobra la gente de la DNCD.

Alina traía una noticia que no quería por momento decir, puede que no hubiera otro momento, por eso sin pensarlo dos veces inquirió. —Amor, adivina. Creo que estoy embarazada. —Se ruborizó. —¿Y sabes cómo se va a llamar? ¿Lo sabes? Se llamará Ariel.

Abajo estaba el Mercedes Benz negro esperándolos y con desesperación el chofer que lo conducía articulaba la bocina. Se confundía con los gritos histéricos de Giselle que no avanzaba ni retrocedía en la escalera.

—Guerrero, lo que te encomendé. ¡Cuídala! Como has sabido conservar tu vida. —Le dijo Juan mirándolo a los ojos. —¡Ha sido muy sufrida!

Juan agarrado de Alina y ayudado por Gaspar, bajó la escalera, saludó con un cálido abrazo a Giselle, llegó a la calle y entró al auto.

—Señor. —Dijo Gaspar asombrado. —¿Confía aún en ese tipo?

—Es una larga historia, este viejo amigo tiene una historia que no conoces, luego te contaré.

Juan bajó el cristal del auto y meneando las manos saludó a Guerrero quien venía sosteniendo a Giselle en sus hombros y se detenían a la entrada del condominio. Almonte moviendo sus manos se perdió el auto en la esquina.

Fin

www.ingramcontent.com/pod-product-compliance
Lightning Source LLC
Chambersburg PA
CBHW020503030426
42337CB00011B/221